営業秘密管理 入門テキスト

経営法友会
営業秘密管理研究会
編著

商事法務

はしがき

「コイズミスクリューの社長の小泉ヤスシは、中小企業の集う会合で経済産業省が平成28年2月に策定した『秘密情報の保護ハンドブック』と『営業秘密管理指針』を配布された。その帰り道、ヤスシはふと思った。(営業秘密って、ナンダ？)。
　2つの資料を見比べると、一方が『秘密情報……』、もう一方が『営業秘密……』と、違った言葉が使われている。(何が違うんだ？)。」

　こんな書き出しで始まる本書は、20人を超える企業法務担当者により執筆されました。経営法友会では、これまでも営業秘密に関するガイドブックを発行しており今回で5冊目になります。いずれの公刊物も会内に設置された研究会のメンバーにより、「企業法務担当者が執筆するものだから、具体的な事例を多く取り上げて実務に役立つ実践的なものを作る」というコンセプトで作成されてきました。しかし、今回、ヤスシが入手した経産省の「ハンドブック」と「指針」は、企業規模に合わせたきめの細かい説明が事例と共に掲載された完成度の高いものなので、今回の研究会では、これまでと趣向を変えて「経産省のハンドブック・指針をマニュアルとして、企業が営業秘密の保護制度を作り上げていく過程をストーリー仕立てにする」というアイデアが浮かびました。そう、『企業法務入門テキスト――ありのままの法務』のテイスト感です。もっとも、一口に「企業」と言っても、大企業と中小企業ではかけるコストに差があり、製造企業と非製造企業では取り組み方が異なり、さらに、初めて営業秘密保護を検討する企業とすでに制度を持っている企業でも進め方が異なります。共通項が見出しにくいため、4つのバーチャルな企業を設定しました。

　第1講は、冒頭でご紹介した「中小の製造企業」のコイズミスクリュー。従業員100人未満の中小企業で、それまでおろそかにしてきた秘密情報管理について、若い女性社員の古池さんを中心に本格的に取り組む物語で

す。古池さんは、面倒なことを避けたがる社員との軋轢や、退職者の情報持ち出しに直面しながらも、専門家の協力を得て管理体制の構築に努力していきます。ストーリーに盛り込みきれない情報は「ONE POINT」アドバイスや「NOTE」として取り出しているので、一から営業秘密管理を考えたい企業向けの内容ですが、すでに制度を持っている企業においても営業秘密管理のあり方を再確認するのに役立つと思います。また、基本的な秘密保持契約のひな形も掲載しています。

第2講は、「中小の非製造企業」の法友システムズ。技術者の一柳は他社に派遣され業務を遂行していましたが、派遣先がクライアントから預かっていた情報を第三者に流出させてしまったので、クライアントが派遣先に損害賠償請求を行い、派遣先が法友システムズに損害賠償請求するという損害賠償の玉突きが起こってしまい、一柳は辞表を出す羽目になってしまいました。仏心が大事を招いてしまうのですが、一柳はどうなるのでしょうか。アイドルの追っかけという隠れた趣味を持つ一柳を中心にストーリーが展開され、最後はちょっとホロリとする落ちが待っています。自社情報だけでなく、他社の情報も扱う企業の方に読んでいただきたい内容です。

第3講は、国内製造大手企業の東京重工業。すでに情報管理制度が構築運用されているにもかかわらず、実情にそぐわない規定の隙間から問題が発生していく様子が描かれています。控えめなキャラだと思われていた秋田さんが、社内会議で思いきって発言します。「会社が秘密情報の管理の仕方について情報管理規定で定めている中で、現状の運用に合わない規定ではその規程が形骸化してしまいます」。秋田さんの活躍のほかにも、多くの人が何気なく使っているSNS発信の怖さや、得意先との共同開発の過程で自社技術と他社技術の情報コンタミが生じることによるリスクが具体的に描かれています。

第4講は、海外における情報管理の講です。第3講に登場した東京重工業は第1講のコイズミスクリューと共同開発を行っていたプロジェクトが成功裡に終結したので、東南アジアのX国に100％子会社を設立しました。海外進出に伴い、技術ノウハウを中心とした営業秘密も同時に持ち出すことになりますが、一般的に、営業秘密保護の経営上の重要性は高く、

企業の競争力の源泉として守るべきプライオリティはきわめて高いと言えます。立ち上げ時は日本人出向者で固めた日本流の経営であっても、一定時間を経過し現地社員に一定の成長が見受けられる場合に、日本に比較して人材の流動が頻繁に起こりがちなため、現地社員の転退職には営業秘密の漏えいというリスクが内在しています。このＸ国の子会社でも幹部候補生として育成され重要な技術情報にも接していたキャサリンが退職を申し出て、日本人経営者たちは慌てます。さて、この後どんな展開になるのかは本文でお楽しみください。第4講には、会社と従業員が締結する英文の秘密保持契約のひな形を収録していますが、「競業避止義務」については国によって捉え方が異なるので、参考までに主な東南アジア新興国の考え方について考察しています。

　以上のように、本書では4社4様の企業の営業秘密管理制度構築過程がストーリー仕立てで収められています。実際の企業においても、さまざまな考え方の人がおられるので、これから制度を構築する企業だけでなく、見直しをする企業においても、いろいろな立場の方が共に議論しながら自社の実情に合った制度を構築していけば生きた制度ができあがると考えます。その際には、ライブ感あふれる本書を手元に置きながら、登場人物と自分や周りの人を重ね合わせて「あるある」感覚で読んでいただき、「気づいたらいつの間にか読破してしまった！」「営業秘密管理って重要だ！」と思っていただけたら、登場人物一同この上ない幸せを感じることでしょう。

　なお、研究会のリーダーを務めさせていただいた私は、本書の企画から完成までに思った以上に時間がかかってしまい、登場人物たちから「まだか！まだか！」と催促を受ける夢を何度も見ました。ようやく完成に漕ぎ着けた本書ですが、執筆・編集に携わっていただいたすべての皆さんに心から感謝いたします。

2018年3月

執筆者を代表して　加藤ひとみ

目　次

第1講　ゼロからの情報管理──体制構築までのプロセス
1

CHAPTER1　秘密情報の決定・4

1　情報管理体制、始動・4
2　秘密情報って、ナンダ？・7
3　保有する情報を洗い出してみよう・9
4　秘密情報を決める！・12

NOTE
①「営業秘密」として法的保護を受けられる情報とは？・14
②「ネガティブインフォメーション」は、営業秘密の対象になるか？・14
③有用な秘密情報のランク付けをするためには？・15

ONE POINT
営業秘密の3要件・7／保有する情報の評価・9／保有する情報の把握・12／秘密情報の決定・14

CHAPTER2　漏えい事件発生！・16

1　アイデアは誰のもの・16
2　退職予定者に対する情報漏えい対策の概要・18
3　情報漏えい対策の詳細・19
4　秘密情報の管理体制の概要・21
5　作戦会議・22

目次

NOTE
　　4 従業員が業務で考案したアイデアは誰のもの？・25
　　5 情報漏えい対策（5つの「対策の目的」と退職者への対策）・27
　　6 競業避止義務について・30
　　7 民事責任の追及、先使用の抗弁等・31
ONE POINT
　　企業への帰属意識の醸成・18／退職予定者に対する情報漏えい対策・19／
　　中小企業に対する公的支援制度・19／防犯カメラの設置等・21

CHAPTER3　情報漏えい対策、始動・34

　1　コイズミスクリュー、情報漏えい対策に取り組む・34
　2　実行計画の共同作業開始・42

NOTE
　　8 コイズミスクリューが構築した情報管理体制・48
ONE POINT
　　フォレンジック・35／アクセス権の範囲・37／IPA・39／リスク評価・44／
　　サーバ管理・46／社内全体で取り組もう・48

CHAPTER4　営業の仕事・53

　1　運用開始・53
　2　打ち上げ・58

NOTE
　　9 PDCA・61
　　10 秘密情報の決定・61
　　11 開示する情報・62
ONE POINT
　　秘密情報の管理・54／秘密保持契約・56／開示する情報の厳選・58

ADVANCE①　技術情報の守りと活用──浅倉弁理士のアドバイス・63
【サンプル】秘密保持契約書の例・68
　　　　　　入社時の誓約書の例・76／退職時の誓約書の例・77

v

第2講　非製造業・中小企業における情報管理体制の構築　79

CHAPTER1　プロローグ・81
 1　茅場町のバーにて・81
 2　一柳、常駐開始・84

 ONE POINT
  「ISMS適合性評価制度」とは？・82

CHAPTER2　自宅で仕事する・86
 1　労基法違反!?・86
 2　自宅に持ち帰り・87
 3　ライバルには負けたくない！・90

 NOTE
  ①情報の持ち出し──社外で業務を行う場合・89
 ONE POINT
  36協定・87／「ネガティブ感情のケア」・90

CHAPTER3　一柳の休日・92
 1　一柳の秘密・92
 2　写真交換・93
 3　関との合流・96

CHAPTER4　情報管理体制の構築──法友システムズ社編・98
 1　警告書・98
 2　情報管理体制の構築プロジェクト始動・100
 3　真田、月例会に参加する・101
 4　真田、コイズミスクリューの古池に出会う・103
 5　情報セキュリティ対策・105
 6　社内体制の見直し・114

NOTE
  ②対策例を探る・110
  ③サイバー攻撃とセキュリティ対策・112
  ④契約による情報漏えい対策・117
ONE POINT
  取引先の情報の取扱い・100／「再委託先のやったこと」は通用しない？・100／「ソースコード」の営業秘密該当性・103／内部不正行為者による内部不正に効果的な方法とは・112

CHAPTER5　情報管理体制の構築──明月システム社編・118

　1　再び茅場町のバー・118
　2　再び明月システム社内・119
　3　二階堂の提案・120
　4　情報セキュリティシステムの見直しと一柳・121

　ADVANCE ②　私物端末の持込みについて・125
　【サンプル】秘密保持誓約書・128

第3講　製造業大手の情報管理──既存の情報管理体制の実効性確保　131

CHAPTER1　各部門での情報管理の励行・134

　1　新プロジェクト始動・134
　2　法務部員　藤沢・135
　3　長岡の迷走・136
　4　失態、改善、整理整頓・138

NOTE
  ①情報管理規程の重要性・139
  ②情報管理規程の周知・理解度と実施状況・141
  ③従業員の理解度を高めるためには？・141
ONE POINT
  「情報管理規程」とは？・136／営業秘密の守秘区分とは？・137

CHAPTER2　情報管理体制の改革・143

1　長岡、情報管理委員会へ・143
2　整理整頓、再び。そして監査へ・144
3　秋田の思案・145
4　作戦会議・147
5　現場 vs 監査、そして和解・148

NOTE
　4既存の情報管理規程の見直しの必要性・150
　5見直しの方法・150
　6見直しの結果、発見された問題への改善策・対応策・152
ONE POINT
　見直しの主体となるのは誰が良いか？・143

CHAPTER3　SNSによる情報漏えい・155

1　山形課長、SNSにハマる・155
2　山形課長、栄転か？・156
3　山形課長、再度の叱責・157

NOTE
　7ＳＮＳへの対策の必要性・159
　8「企業におけるＳＮＳポリシー」と「社内規則」の紐づけ・160
ONE POINT
　ＳＮＳとは何か？・155／秘密裏に処理？・157

CHAPTER4　共同開発での他社情報との接触・161

1　他社情報の取扱い!?・161
2　自社開発と共同開発・161
3　コンタミネーションの怖さ・164
4　議論、取組改善・166

NOTE
　⑨共同開発におけるコンタミネーション（＝情報混在）のリスク・167
　⑩どのようなコンタミネーション対策が必要か・168
　⑪技術情報等の売り込み・170
　⑫共同開発契約の条項・171
ONE POINT
　共同開発におけるコンタミネーション・163／他社から受領した情報の管理・165

CHAPTER5　取締役の退任と情報管理・172

　1　取締役千葉の苦悩・172
　2　立つ鳥、跡を濁す？・174
　3　残る者の思い・175

NOTE
　⑬退任後の取締役に注意する必要性とは？・177
　⑭具体的に何をすべきか？・178
　⑮社外取締役やCEOを外部から招く際の注意事項は？・179
ONE POINT
　取締役の退任・173／退任する取締役の部下の引き抜き・175

CHAPTE6　漏えい事案への対応・180

　1　情報漏えい!?・180
　2　初動対応・182
　3　警告書・通知書の送付・186
　4　その後・187

NOTE
　⑯漏えい事案への対応策とは・188
　⑰漏えいの兆候をどのように察知するか・189
　⑱初動対応として何をすべきか・190
　⑲対応方針の整理・191
　⑳会社としてどう対応するかという視点・193

第4講　海外における情報管理　195

CHAPTER1　海外子会社の管理（ガバナンス）・197

NOTE
　1 海外子会社とどう向き合うか・198

CHAPTER2　製造ノウハウの海外移転・202

NOTE
　2 製造ノウハウの海外移転の留意事項・203

CHAPTER3　海外における情報管理の注意点・206

NOTE
　3 海外子会社での情報管理体制の構築・208
　4 外部ベンダーに向けた対策・212
【サンプル】ベンダーとの秘密保持契約の例・214

CHAPTER4　海外現地子会社における従業員の秘密保持義務・226

NOTE
　5 転退職者への対策・230
　6 競業避止義務・231
ONE POINT
　海外における転退職者と秘密情報管理・228
【サンプル】従業員との秘密保持誓約書の例・235

※略語
「秘密情報の保護ハンドブック」＝経済産業省「秘密情報の保護ハンドブック～企業価値向上に向けて～」（2016年2月）

第1講 ゼロからの情報管理
──体制構築までのプロセス

―――― **本講のねらい** ――――

　本講では、製造業を営む中小企業がはじめて秘密情報の管理体制を構築していくにあたり、「どのようなステップで」、「どのような対策を」、「どの程度まで」行うべきかを、ストーリーを読み進めることで理解できるようまとめている。費用対効果、従業員の意識向上などの点を考慮しながら、中小企業がなしうる適切な対策の一例を紹介する。

―――― **設　定** ――――

　舞台は、東京都・八王子市に所在するスクリューの製造会社、「コイズミスクリュー」。従業員が100名に満たない中小企業である。
　創業者で社長の小泉ヤスシは、それまでおろそかにしてきた『秘密情報管理』について、本格的に取り組むことを決心する。技術部唯一の女性部員である古池を中心に、弁理士や他部署の部長の協力を得ながら、管理体制構築に奮闘する。

―――― **主な登場人物** ――――

○小泉ヤスシ──社長
　68歳。コイズミスクリューの創業者／たたき上げの技術者／職人肌。
○浜田──工場長
　58歳。男性・高卒／ヤスシ以外で、唯一小泉大輔を叱れる。
○小泉大輔──技術部長
　42歳。社長の長男／次期社長／通称「ダイちゃん」「ぼっちゃん」。
○古池（こいけ）──技術部員
　20代後半。女性・大卒／特許に詳しい。勉強熱心。

○松本──総務部長（人事・経理の仕事も行う）
　40代半ば。男性／言われたことはできるタイプ。
○黒木──総務部員
　40代女性。社長の姪／ITに詳しい。気が強い。
○明智──退職者（元技術部員）
　50前男性。高専卒／会社を逆恨みして退職。
○浅倉弁理士
○矢島弁護士

スクリューとは

「スクリュー」の語はブタ（scrofa）の尻尾に由来しており、螺旋状の回転部品全般を表す言葉として用いられている。

その中でもコイズミスクリューのスクリューは、プラスチック材料の製造用機械（押出機、成形機など）の部品として使われる。スクリューが組み込まれた装置を回転させることで、複数の素材を混合させる。

素材の混合をムラなく行い、安定した成形品を製造するためには、スクリューの性能が鍵を握るといっても過言ではなく、その素材の選定や形状設計には各メーカーのノウハウ（秘密情報）が数多く含まれる。

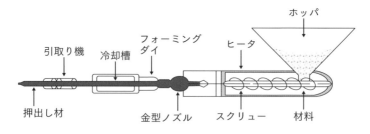

『機械加工技術用語集』より引用

第1講　ゼロからの情報管理——体制構築までのプロセス

■コイズミスクリュー　社内レイアウト

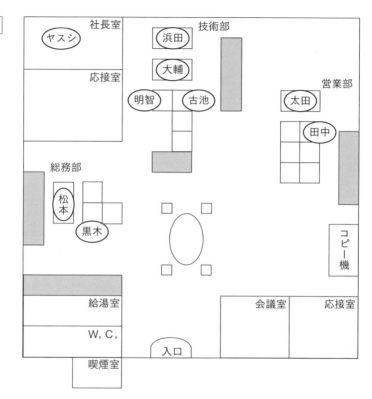

CHAPTER1
▶ 秘密情報の決定

1　情報管理体制、始動

　残暑が和らぎ爽やかな秋風が吹く頃、コイズミスクリューの創業者で社長の小泉ヤスシは、東京・八王子市の中小製造業が集う月1回の会合に参加した。会合といっても、昔から気心の知れた仲間が集まって、普段の苦労や自慢話を吐露しあうものであるが。

　その帰り道、ヤスシは茶封筒に入っていた『秘密情報の保護ハンドブック』を取り出した。『秘密情報の保護ハンドブック』とは、経済産業省が2016年2月に策定した、秘密情報の漏えいを未然に防ぎたいと考える企業に向けてさまざまな対策例を紹介したものである。ヤスシは、これまで自社の情報管理については一切関与してこなかった。ハンドブックの表紙を見ながら、ヤスシはつぶやいた。

　(ウチももうすぐ従業員数が3桁の大台に乗るよな。最近は情報漏えい事件が起きようものなら、マスコミの総攻撃を受けて致命的な痛手を受ける……これを機に、わが社もちゃんとした情報管理体制をつくるか。『秘密情報の保護ハンドブック』と『営業秘密管理指針』なんていうものを貰ってきたしな。)

　『営業秘密管理指針』とは、『秘密情報の保護ハンドブック』に先立ち2015年1月に改訂された、不正競争防止法により営業秘密として法的保護を受けるために必要となる要件の考え方を、経済産業省が示したものである。

　ヤスシはふと思った。
(秘密情報って、ナンダ?)
　2つの資料を見比べると、一方が「秘密情報……」、もう一方が「営業秘密……」と違った言葉が使われている。
(何が違うんだ?)

第1講　ゼロからの情報管理——体制構築までのプロセス

　中学校を卒業してから技術一筋、たたき上げで社長にまで上りつめたヤスシは、法律用語というものに抵抗があった。そこで、ヤスシは思いついた。
　（そういえば、技術部で特許とかそのあたりに詳しい若手がいたな。あぁ、古池さんだ。彼女に情報の管理体制作りを任せてみよう。）
　さっそく翌日、ヤスシは技術部員の古池を呼び出すことにした。

　社長の呼び出しを受けた古池は、昨日までの自分の行動を振り返り、何かしでかしてしまったのかと内心ビクビクしていた。そんな古池をよそに、ヤスシは今から大きなプロジェクトを若手社員に任せることに心を躍らせている。ヤスシは、こう切り出した。
「古池さんに決めたよ」
「はい、何にでしょうか……?」
「古池さんに、わが社の情報管理の体制を作ってもらいたいんだ」
　ヤスシは、『秘密情報の保護ハンドブック』と『営業秘密管理指針』を古池に手渡した。
「昨日の会合でこんな資料を貰ってきたよ。秘密情報とか営業秘密とか……ワシにはさっぱり分からなくてね。とりあえずこれを参考にして進めてみてくれ。今、情報漏えい問題に世間は厳しいだろ？　何事もなくここまでやってこられたのは、本当に運が良かったと思っている」
「そうですね。最近のニュースなどを見て、情報の管理については関心を持っていました」
「でも、これからは違う。適切な情報管理体制を整備している会社こそ、他社さんからも信頼され仕事を任せてもらえるってもんだ。そこで、今回本格的に管理体制を整えようと、古池さんに声を掛けた。古池さんは、特許とか詳しいだろ？　そのあたりの知識も必要になるのかと思ってさ」
「私でお力になれるようでしたら、ぜひやらせて下さい！　しかし、わが社の情報の活用と管理に関することなので、経営者である社長のリーダーシップによる判断が必要になることもあると思います。社長も是非ご協力をお願いいたします」

「今までそのあたりのことはまるで関わってこなかったからな。今回のプロジェクトについては、ワシもできる限り協力するよ。古池さん、頼んだよ！」
「分かりました。早急に取り掛かります」
　ヤスシがその場を立ち去った。古池は、受け取った資料に目を向け、ふと思った。
　──秘密情報って、ナンダ？

> **ONE POINT　営業秘密の3要件**
> 　不正競争防止法に規定する「営業秘密」と認められるためには、その情報が、
> ①秘密として管理されていること（秘密管理性）
> ②生産方法、販売方法その他の事業活動にとって有用であること（有用性）
> ③公然と知られていないこと（非公知性）
> の3要件を満たす必要があります（14頁 **NOTE** 1 参照）。

2　秘密情報って、ナンダ？

　古池は、技術部には珍しい女性部員だ。普段は熱い（厚かましい？）先輩社員たちに指導されている身だが、今回は大きな仕事を一人で任されたことに少々張り切り気味になっている。しかし、引き受けたのはいいものの、何から手をつけていいのか分からない。古池は、考えた。
　（一人で悩んでいても先に進まないし……そうだ、日頃相談に乗って下さる浅倉先生に聞いてみよう。）
　古池は、コイズミスクリューの特許関連を支援してもらっている弁理士の浅倉とアポイントを取り、訪問することにした。
　浅倉弁理士は、不安を隠せない古池に優しく話しかけた。
「すみません、先週まで海外にいたもので……お会いするのが遅くなってしまいました。ご連絡いただいた際に少し伺いましたが、情報の管理体制を作ることになったのですか。いいですね」
「はい、社長に一任されてしまいました」
「古池さんのスキルアップの時がきましたね。実は、情報管理体制の構築については、他の中小企業でも機運が高まっているんですよ。コイズミスクリューさんにとっても非常に良い機会だと思います。ところで古池さん、『秘密情報』『営業秘密』という言葉はご存知でしたか」
「いえ、存じていませんでした。まずそこからお聞きしようと思っていたところです」

古池はノートの新しいページを開き、浅倉弁理士の発言を一言一句逃すまいといった姿勢だ。
「まず、『営業秘密』についてお話しましょう。企業はいろいろな情報を保有しています。そのうち、特許権などの知的財産権として権利化されている情報もありますが、それ以外にも、不正に持ち出されるなどの被害にあった場合に、不正競争防止法によって民事上・刑事上の措置がとられることが可能な情報もあります。この、不正競争防止法によって保護される情報が『営業秘密』です」
「それでは、『秘密情報』はどのようなものでしょうか」
「『秘密情報』については、法律上明確には定義づけられてはいません。企業が保有する情報は、必ずしも特許権や営業秘密のように法律で保護される情報に限定されるわけではありません。しかし、だからといって何も策を施さずに放置してしまうと、漏えいなどが起こった場合に取り返しのつかないことになってしまいます。そこで、企業の保有する情報一般を『秘密情報』として扱い、包括的な策を講じることが求められています」
「ご説明ありがとうございます。弊社はこれまできちんとした情報管理をしてこなかったわけですから、『秘密情報』としての情報管理が大切になってきますね。それで浅倉先生、弊社はまず何をすればよろしいのでしょうか」
「情報の管理体制を作るのに重要になってくるのが、『自社にとっての秘密情報の決定』です。そして、そのために必要なのは『自社の保有する情報の把握』です」
「えっと……ご説明いただけますでしょうか」
「もちろんです。まずは、どのような情報を保有しているのかを把握することから始めましょう」
「情報といいますと、製品情報や顧客情報などでしょうか」
「そうですね。これまでコイズミスクリューさんが集積した、他社には知られていない情報がいろいろとあると思います。紙や、USBメモリなどで記録されている電子データとして存在するものだけではありません。工場の設備とか、製品それ自体も把握すべき情報ですよ」

「『物』として存在する情報もあるのですね」
「そのとおりです。そして、把握した情報それぞれにつき自社の強みとなる情報資産かどうかという観点から評価を行い、この評価結果を踏まえ秘密として保持することを決定した情報がコイズミスクリューさんの秘密情報となります」
「管理すべき秘密情報を決定するプロセスは、イメージできました」
「まずは、保有する情報資産をすべて洗い出してみましょう。この時点では重要度については考えず、とにかくすべてです。そして、自社で管理できる範囲の秘密情報を決定し、これに対する管理体制を優先して整えていきましょう」
「糸口がつかめた気がします。さっそく情報資産の洗い出しから始めてみます」
　古池は、やるべきことが分かり、清々しい気持ちで会社に戻った。

> **ONE POINT　保有する情報の評価**
>
> 　情報が生み出す経済的価値、他社に利用されたり漏えいしてしまった場合の損害の大きさ、競合他社からみた有用性、契約等で他社から預かった情報か否か等の観点を考慮しながら、自社の保有する情報について評価を行い、評価結果に応じて情報を階層化します（「秘密情報の保護ハンドブック」9頁～10頁参照）。

3　保有する情報を洗い出してみよう

　浅倉弁理士を訪問してから3日、古池は頭を抱えていた。古池のデスクには、小さな文字でぎっしり埋められたノートが広げられている。
（うーん、コイズミスクリューにとって強みとなる重要な情報か……そもそもウチが保有する情報ってどんなものがあるんだろう。）
　古池は、浅倉弁理士の言葉を一つひとつ思い出した。
（そうだ、まずは会社の中にあるあらゆる情報を洗い出してみなくちゃ。）
　古池は、ノートのページをめくり、まっさらな紙面に書き始めた。

> - スクリューの設計図
>   （紙、データ）
> - 製造プロセス
> - 工場設備の情報
> - 技術情報
> - 研究段階の新製品情報
> - 　　　…？

　一通り書き終えたところで、古池はペンを置き、また悩み出した。
「うーん、総務部や営業部で扱っている情報って詳しく分からないな……私が思いつかなかった情報資産もまだある気がする。各部署の部長さんを集めて、直接聞いてみよう」
　古池は、ふっと息を吐いて、自分の席から立ち上がった。

　古池は会議をセッティングし、社長をはじめ工場長や各部署の部長を集めた。顔がこわばり緊張を隠し切れない古池に、ヤスシは柔らかい口調で話しかけた。
「どうだい、情報管理の方は。順調かい？」
「はい、浅倉先生にいろいろとご教示いただいています。早速ではございますが、これから皆さんと一緒に『わが社が保有する情報の洗い出し』を行っていきたいと思います」
「ん？　詳しく説明してくれ」
　ヤスシは、ピンとこないようだ。
　古池は、会議の参加者に資料を配布した。古池自身がコイズミスクリューの情報資産をリストアップしたものである。あわせて、『秘密情報』とは何か、『営業秘密』との違いはといった内容を説明し、秘密情報管理の重要性について述べた。
「こちらのリストに載っていない情報資産がありましたら、挙げていただきたいんです。あと、皆さんの部署で重要だと感じている情報もありましたら教えて下さい」

第1講　ゼロからの情報管理──体制構築までのプロセス

　古池は、参加者の発言を促すように言った。ヤスシが真っ先に答えた。
「スクリューの設計図は、何といってもわが社の要だ。これが漏えいしてしまったら……考えただけでも恐ろしいよ」
　総務部の敏腕IT担当者である黒木が、続けて発言した。
「取引先からお預かりしている要求仕様や注文データも大事ではないですか？」
「そうですね。取引情報も大事な情報ですよね。取引先を記した顧客リストなども、流出を防ぐべき情報だと考えています」
　古池は相槌を打ちながら、速やかにメモした。ヤスシは、まだ言いたいことがあるようだ。
「そもそも、このスクリュー本体がノウハウの塊だよな。スクリューの素材選定や形状設計にはいつも苦労している。コイズミスクリューにとっての虎の子さ」
　スクリュー製品を眺めながら、続けて話す。
「でも、製品自体は大量にあるよな……どのように管理すればよいのかね」
「製品それ自体にノウハウが化体している場合、その物件のある部屋の扉に『関係者以外立入禁止』の張り紙をしたりですとか、該当する物件をリスト化して、社内で閲覧・共有化することも対策として考えられます」
　古池は、丁寧に返答した。
「リスト化かぁ……」
　ヤスシがつぶやいた。
「とりあえず、『マル秘マーク』のラベルを貼って従業員に周知させるというのはいかがでしょうか」
　ヤスシと古池のやり取りを聞きながら、一人渋い顔をしている人物がいた。創業時から社長の右腕としてコイズミスクリューの技術部門を支えてきた工場長の浜田である。
　浜田は、気が乗らないことを前面に出すかのように、強い口調で発言した。
「そうは言っても、何でも秘密情報にしてしまったら、管理しきれないだ

11

ろ。設計図を使いたい時にパスワードを入れないと出せないとか、鍵をかけて管理しろとか……いちいち面倒だぞ。これまでうまくやってきたんだ、今さら必要なのか？」
「特に現場の方が仕事しづらくなってしまったら、意味がありません。管理方法については、十分に検討いたします」
　浜田は、憮然とした表情で、古池の返答をすんなりとは受け入れられないようだ。
「皆さん、ありがとうございます。今日お配りした資料や今の議論も踏まえて、わが社にとっての秘密情報は何か、社長にご決断いただきたいと思います」
「わ、ワシが決めるのか？　うむ、わが社にとっての秘密情報は……いや、もう少し皆の話を聞かせてくれ！」
　普段の会議は、報告者が一方的に発言するだけの単調なものであったが、その日の会議はいつになくさまざまな発言が飛び交い、活気に溢れたものとなった。

> **ONE POINT　保有する情報の把握**
> 　保有する情報の把握にあたっては、個別の担当者の感覚によってその判断にばらつきが生じないようにするため、事業規模や情報の多寡等に応じて、社内で統一的な判断が可能となるような情報の把握方法を取ることが望ましいでしょう。各部署や担当者に対して直接ヒアリングを実施することは、保有する情報について社内で統一的な判断が可能になります（「秘密情報の保護ハンドブック」8頁参照）。

4　秘密情報を決める！

　会議の翌日、古池は改めて社長のヤスシのもとを訪ねた。
「社長、本日は『わが社にとっての秘密情報』を決定していただきたいと思っております」
「うむ。これが決まらないことには具体的な対策に移れないんだろ？」

「はい。秘密情報の決定は、管理規程やルールを定める際に必要になってまいります」
「浜田がぼやいていたけど、やはり現場の人間に分かりにくい基準だとダメだと思うんだ。現にワシが分かっていないと、皆への説得力がないし。わが社は従業員がもうすぐ3桁の大台にのるといっても、まだまだ中小企業だ。まずは、必要最小限の対策ができればそれでいいのだが」
「おっしゃるとおりです。大企業では扱う情報の種類が膨大で、その重要度に応じて秘密情報のレベル分けをしているようです。私も細かい違いは分かっておりませんが、厳秘・社外秘・関係者限り……と何段階も区分を設けることもあるようです。わが社にとっては、とても導入できる体制ではないように思います。まずは、『秘』か『秘じゃない』かという視点でそれぞれの情報を分け、『秘』とした情報を優先して管理体制を整えていくというのはいかがでしょうか」
「そうだな。それなら従業員にも周知しやすいかもしれん」
「秘密情報として管理する方がよい情報もありますし、特許権など権利化して活用した方がよい情報もあると思います。管理と活用のバランスをうまく取りながら、情報の性質に照らして検討してまいりましょう」
「慎重に検討していった方がよさそうだな。まずは、わが社の強みとなる情報資産は何か、そこから検討してみよう」
「はい！」
　これまで情報管理について関心を持たなかったヤスシが、真剣に考えている。経営のトップが管理体制の判断に携わることは、大変重要なことだ。古池も、社長と一緒にプロジェクトを進めていることに入社以来のやりがいを感じていた。この後、コイズミスクリューを脅かす大問題が起きるとも知らずに……。

> **ONE POINT　秘密情報の決定**
>
> 　技術情報については、他社との差別化を図るために秘密として保持する方法も考えられる一方で、権利化し（特許権等）、他社に自社技術を使用させることで市場を拡大させる方法も考えられます。情報の性質なども考慮し、その情報の価値が最大限高められる活用方法を慎重に検討することが重要です（「秘密情報の保護ハンドブック」11頁〜13頁参照）。

NOTE

1　「営業秘密」として法的保護を受けられる情報とは？

不正競争防止法第2条第6項は、『営業秘密』を、
① 秘密として管理されている［秘密管理性］
② 生産方法、販売方法その他の事業活動に有用な技術上又は営業上の情報［有用性］であって
③ 公然と知られていないもの［非公知性］

と定義しています。

　2015年改正法の施行前後において、特に秘密管理性に関する解釈の合理化をはかる各種試みがなされました。具体的には、これまで厳格すぎた秘密管理性の解釈を緩和するための営業秘密管理指針の全面改訂等が行われ、それに呼応する形で裁判実務にも有意な変化が表れつつあります（田中勇気『営業秘密防衛Q&A　内部不正による情報漏洩リスクへの実践的アプローチ』（経団連出版、2017年）28頁〜29頁参照）。

2　「ネガティブインフォメーション」は、営業秘密の対象になるか？

　実験データについても、不正競争防止法で保護されるための要件である「有用性」を満たし、営業秘密に該当するとされています。
　このような実験データには、失敗し製品化に至らなかった試験研究データなどの、いわゆる『ネガティブインフォメーション』が含まれることがあります。製品化に至らなかった試験研究データは、たとえばコンペティターにとって、無駄な研究開発を排除できる経済価値のある情報だと考えられるからです。

何が営業秘密に該当しうるか、このことを担当者に周知徹底することが重要です（本文9頁以下参照）。
　参考：小野昌延ほか編『不正競争の法律相談Ⅰ』Q44（青林書院、2016年）

③　有用な秘密情報のランク付けをするためには？

　秘密情報の決定にあたっては、従業員等が認識できる程度に具体的な範囲を決定する必要があります。しかし、各部署ごと・担当者ごとに任せてしまうと、ランク付けにばらつきが生じるおそれがあります。まずは、重要な秘密情報にアクセスできる従業員を個人レベルで特定しましょう（キーパーソンの絞り込み）。キーパーソンの判断を基準とすることで、秘密情報のランク付けを統一することが可能となります。

　なお、キーパーソンの中には、技術者のような現場の従業員のみならず、システム管理者も忘れずに含めることが重要です。「内部不正経験者の約5割がシステム管理者である」などの調査結果もあるように、システム管理者は広範な秘密情報にアクセスできる立場にあることが多いからです（田中・前掲書48頁〜49頁参照）。

CHAPTER2
▶ 漏えい事件発生！

1　アイデアは誰のもの

「まず、事実をありのままにお話し下さい」
　矢島弁護士が物静かに切り出した。
　ここは、地下鉄八丁堀駅に程近いオフィスビルにある弁護士事務所の応接室。矢島はまだ若かったが、弁理士の浅倉とともに数多くの困難な案件を担当してきた弁護士で、機械業界では敏腕弁護士として名が通っている。北風吹きすさぶ２月のある日の午後、ヤスシ、浜田、大輔、古池の４人は浅倉に伴われ、矢島の事務所を訪れていた。皆生まれて初めて接した弁護士という存在に緊張を隠せずにいる。

　事の発端は、数か月前に遡る。
　ある寒い日の朝、コイズミスクリューの社長室には、思いつめた表情の明智が、社長のヤスシの前に立っていた。ヤスシの机の上には、たった今明智が差し出した辞表が置かれている。
「明智くん、考え直すつもりはないかね。君はわが社の技術部を長年にわたって引っ張ってきてくれたし、昨年ヒットしたスクリューも、一重に君のアイデアの賜物だとワシは思っている。わが社は中小企業で、大手には引けをとるが、それでも君に対する処遇はそれなりにしてきたつもりだ。昨年の賞与でも君の貢献度を考慮して、精一杯の感謝を表した。どうだね……もうちょっと、わがコイズミスクリューでワシと一緒に汗を流してくれないか、明智くん」
「社長、お言葉はありがたいのですが、田舎の両親も年老いており、農作業もできないような状態です。私ももうすぐ五十が近づいています。そろそろ田舎に帰って親孝行をしたいと思っています」
　そう言いながら明智は、２年前の秋のことを思い出していた。９月１日

の朝礼で、社長のヤスシが新しく会社に入社した自分の息子の大輔のことを紹介していた時のことだった。大輔は、大学の工学部を卒業後、大手の産業機械メーカーの設計部門に従事。そして、ヤスシの会社の技術部の責任者候補として入社してきたのであった。それまでは、工場長の浜田が技術担当も監督していたが、会社の規模も大きくなってきたので近々技術部を立ち上げるという話を、明智も小耳にはさんでいた。

　明智は、地元の高専を卒業後、上京してコイズミスクリューに入社し、同社の技術担当のたたき上げの課長であった。明智は、当然、自分が新しい技術部長に就くものだと思っていた矢先の出来事であった。明智はヤスシの横で挨拶する大輔を恨めしそうに見ていた。その後、大輔は、昨年のスクリューのヒットが売上に大きく貢献したということで、正式に技術部長に就任していた。

　　――何が、それなりの処遇だ。感謝を表しただと……。何の実績もないくせに、社長の息子というだけで、技術部長かよ。しかも、あのスクリューの設計は俺のアイデアによるところが大きいんだぞ。手柄を横取りしやがって……。今、開発中の新素材を用いたスクリューだって俺が設計を担当している、俺がいなくなれば開発も滞るだろうな……。

「そういうご家族の事情があるということでは、これ以上引き留めるのは難しいかな。淋しくなるね、明智くん。退職金も君のこれまでの貢献を考慮して精一杯のことはさせてもらうよ」
「社長、ありがとうございます。コイズミスクリューで働かせていただいたご恩は忘れません」
　しかしながら、田舎に帰るという話は事実ではなかった。実のところ、明智は、大輔が今年初めに技術部長に就任した頃から、密かに転職活動をしており、来月12月からコイズミスクリューのライバル会社であるアベスクリューの技術部長として採用してもらうことが決まっていた。アベスクリューは最近頭角を表してきた新興企業である。

処遇に不満を持っていた明智は、現在開発中の新素材を用いたスクリューのアイデアや設計は自ら考案したものであり、自分のノウハウだと思っていたので、新興のアベスクリューでこれを活かして新製品を開発し、さらに特許も出願しようと考えていた（25頁 **NOTE** 4参照）。

ONE POINT　企業への帰属意識の醸成

　会社への帰属意識の醸成、従業員の仕事へのモチベーション向上といった取組みも情報漏えい対策の一つとして有効であると考えられます。たとえば、「従業員等の業務範囲、責任を明確にし、業務への貢献を多面的に評価するなど納得感の高い人事評価制度を構築」すること、「新商品開発や生産効率化に資する発明、業務にかかるコスト削減への取組み、日々の業務の改善など、創意工夫を行って企業に貢献した者などに対する表彰制度や報奨制度を導入すること」などです（「秘密情報の保護ハンドブック」53頁参照）。

2　退職予定者に対する情報漏えい対策の概要

　年が明けて1月、コイズミスクリューの社長室に、技術部長の大輔が青ざめた顔で駆け込んできた。手には業界新聞とアベスクリューの販促資料が握りしめられている。
「親父、いや、社長。大変です」
　大輔の声は上ずっている。取引先への年賀の挨拶回りを終えて帰社したばかりのヤスシは、温かいコーヒーで一息つこうとしていたところだった。
「どうした？」
　ヤスシは怪訝そうな顔で、大輔を見つめた。
「当社が開発中の新素材を使用したスクリューをアベスクリューが開発したという記事と、それを来月から発売するとの販促資料があります。この新素材の活用はわが社独自のもので業界でも画期的な製品になるはずでした。新興企業のアベスクリューが目をつけていたとは考えられません」
　大輔の手は震えていた。
「おい。この販促資料の担当者の名前に『明智』とあるじゃないか。こい

つはわが社にいた、あの明智ではないのか?!」

　その後調べたところ、明智はコイズミスクリューを辞めた後、アベスクリューに入社していたことが判明した。また、アベスクリューの新製品の設計は、コイズミスクリューが開発途中の製品と類似していること、アベスクリューは新素材を用いた新製品について特許を出願しているらしいことも判明した。どうやら、明智が、設計図と設計データを持ち出して、アベスクリューで利用したようだ。

> ONE POINT　退職予定者に対する情報漏えい対策
>
> 　退職予定者に対する情報漏えい対策として、定年退職の場合はしかるべきタイミングで、中途退職の場合は退職申出を受けた後速やかに、①秘密情報へのアクセス制限、②持ち出し困難化（秘密情報の返却など）、③情報漏えい行為の検出容易化（システムへのログの記録・保存とその周知）、④秘密情報義務に対する認識向上（秘密保持契約締結など）、⑤退職者との信頼関係の維持・向上（適切な退職金支払いなど）が求められます（「秘密情報の保護ハンドブック」55頁〜62頁参照）。

> ONE POINT　中小企業に対する公的支援制度
>
> 　特許出願面のみならず、知的財産権について多面的に中小企業を支援する制度等が存在しています。たとえば、「営業秘密管理をどうするか」、「特許出願にあたっての料金面での減免」「外国特許出願についての出願補助」など、特許庁HPに詳しく紹介されています（特許庁「中小企業向け情報」http://www.jpo.go.jp/sesaku/chusho/index.html）。

3　情報漏えい対策の詳細

「小泉部長。それで開発中の設計図や設計データは、どこに保管していて、誰が管理してんねん？」
　40年前に大阪の高校を卒業後、親戚のつてを頼って上京し、コイズミ

スクリューに就職した浜田は、興奮すると、未だに関西弁が出てくる。
「え〜っと。図面は、私の机の後ろのキャビネットに保管していて、鍵は私の机の中にあります。データは、ファイルサーバに格納されていて、PC保有者であれば誰でも閲覧できます」
「ぼっちゃん、いや小泉部長。明智がいてたときは、どうしてたんや？」
　大輔のことを子供のころから面倒を見ていた浜田は、時々、当時の呼称で、『ぼっちゃん』『ダイちゃん』と大輔のことを呼んでしまう癖がある。
「そ、その……設計の主担当であった明智さんが管理していて、図面は、日中は、彼の机の引き出しに入っていたと思います。彼はいつも遅くまで残業していたので、多分、帰社する際には、自分の机に鍵をかけて保管していたと思います。ファイルサーバに格納されていたデータについては、彼は主担当だったので、データの閲覧に加え、複製、編集の権限も持っていました。彼の最終出勤日に、設計図も含めて机にあったものを私が引き継ぎ、彼のPCも返却してもらいました」
「何やて！　ほんなら、明智は、退職する日まで、自由に設計図やデータを持ち出せる状況にあったんやな!!」
　浜田は吠えた。
「お、おそらく……」
　大輔は蚊の鳴くような声を絞り出して答えた。
「もういい。秘密情報の管理方法はこれから考えるとして、明智の退職手続や退職金はどうなっている？」
　ヤスシもイライラしている。
「辞表を受け取った後、退職日付けで社宅の解約手続をしました。それから、田舎までの引っ越し代を会社で負担し、12月末に退職金も全額支払いました。明智が退職金の一括払いを希望していましたので」
　総務部長の松本が淡々と答えた。
「ほんなら何かい。明智は、設計図やデータを盗み、退職金もせしめて、ライバル会社に転職したっちゅうことかぁ?!」
　浜田が、がなり声を上げて、鍛えられたごつい手で机を叩いた。大輔と松本は震えあがり、ヤスシは、腕を組んで天井を眺めたまま、しかめっ面

で仁王立ちしていた（27 頁 NOTE 5・30 頁 NOTE 6 参照）。

> **ONE POINT　防犯カメラの設置等**
>
> 　漏えい行為が「見つかりやすい」環境をつくり、情報漏えいを行おうとする者に対し心理的な抑止を働かせることも漏えい対策として有効です。たとえば、秘密情報が記録された書類・電子媒体が保管された書庫や区域など、秘密情報の不正な取得や複製の現場となりうる場所に防犯カメラを設置し、情報漏えいを行おうとする者に「見られている」という認識を持たせるようにします。併せて、その場所から会社の外へと向かう動線に対しても防犯カメラが向けられていれば、より効果的です（「秘密情報の保護ハンドブック」41 頁〜42 頁参照）。

4　秘密情報の管理体制の概要

　数日後、コイズミスクリューの会議室兼応接室。
「ということで、明智はわが社の設計図を無断で持ち出し、転職先のアベスクリューで利用し、特許出願までしたようなんです」
　ヤスシはこれまでの経緯を浅倉弁理士に説明した。
「わが社の管理体制にも落ち度があったことは否めませんが、このような理不尽なことをされて黙っているわけにはいきません。業界でも笑いものになります」
　ヤスシは続けた。
「先生、何とか、憎っくきアベスクリューと明智に一矢報いることはできませんやろか？」
　浜田も鼻息荒くたたみかける。
「社長、浜田さん、お二人の気持ちはお察しします」
　浅倉は、少しずり落ちた黒縁の眼鏡を右手で上げながら、いつもとは打って変わって神妙な面持ちで答えた。その日焼けした口元には微かに笑みも湛えられていて、それだけで聞く者を落ち着かせる雰囲気があった。
「まず、明智さんが設計図とデータを持ち出したと仮定して、御社の秘密

情報の管理体制がどのようなものであったかの事実関係を整理し、その上でアベスクリューと明智さんに対して、どのような手立てを講じることができるのかを考えましょう。さらに、今後同様のことが生じないような再発防止策も検討しましょう。これらの検討にあたっては、私だけでなく、知り合いの知財案件に詳しい弁護士にも参加してもらおうと思いますが、いかがでしょうか」

　ヤスシと浜田は、深く肯いた（31頁 NOTE 7 参照）。

5　作戦会議

　舞台は、北風吹きすさぶ2月の法律事務所応接室に戻る。
「それで、明智さんは新素材を用いた開発中のスクリューの設計図を御社からアベスクリューに持ち込んだと思われるということでよろしいでしょうか」
　矢島が問いかけた。
「今回、アベスクリューが販売した新製品のスクリューは、スクリューの刻みの基本パターンや標準オプションからして、当社の予定商品のものと同一ですし、少なくとも設計図自体は持ち込んでいると思います。矢島先生、この設計図は当社のものだということで、保護していただくことはできないでしょうか」
　秘書が運んできたホットコーヒーを一口すすって、多少はリラックスしたのか、大輔が矢島の問いに答えた。
「もし、明智さんが御社からアベスクリューに持ち込んだと思われる技術情報が不正競争防止法上の『営業秘密』に該当すれば、明智さんは御社の営業秘密について、御社に損害を加える目的または不正な利益を得る目的で、アベスクリューで使用、開示している（不正競争行為）といえ、差止めや損害賠償請求等ができます。御社が適切な秘密管理体制を構築・実施していたと認められれば、『営業秘密』といえる可能性は高いとは思いますよ」
「矢島先生、すでに新型のスクリューは販売されており、製品から比較的容易に設計情報が読み取れる可能性が高いため、設計図に関してはもはや

『営業秘密』の一要件である『非公知性』が欠けると言われてしまうことはないのでしょうか」
「本件では、明智さんが設計図をアベスクリューに持ち込んだ時点での『非公知性』が問題となります。その時点で一般的には知られておらず、または容易に知ることができない状態であれば『非公知』と考えることができます」
「少し安心しました。でも、もし、仮に、事実経緯を検証した結果、弊社の秘密管理体制が不十分であったなどとして『営業秘密』とはいえないということになってしまった場合は、どうしたらよいでしょうか。たとえば、設計図について著作権侵害を追及することはできないのでしょうか」
　古池はたたみかけ、勉強の成果を垣間見せる。
「その設計図はある程度完成していたという認識でよいでしょうか」
「あ、はい。設計図としては完成していて、社内の最終承認という手続を残すのみでした」
　回答を促すような一座の視線を受けて慌てて大輔が答えた。
「なるほど。本件設計図が、スクリューに関する機械工学上の技術的思想を創作的に表現した学術的な性質を有しているとして『著作物』にあたるとされれば、本件設計図に著作権が成立し、そして、確かに、明智さんが作成した設計図といえども御社における業務として作成した物なのですから、その著作権は御社に帰属するのが通常です（職務著作）（26頁 **NOTE** 4(2)参照）。ですから、あまりないことかもしれませんが、もし、御社の設計図に依拠して、アベスクリューの新製品のスクリュー図面が書き起こされたという場合で、かつ、その事実を立証できれば、アベスクリューや明智さんが御社の著作権を侵害（複製権侵害）したとして差止めや損害賠償請求等をすることも可能です。ただ、一方で、もし、御社から持ち込んだ設計図そのものに基づき、そのままアベスクリューの新製品が製造されていたような場合には、残念ながらその製造行為自体をもって著作権侵害ということは、まず無理とお考えいただいた方がよいと思います」
「御社の設計図に依拠していたとしても、立証がとても難しいと思います

よ」

　浅倉が補足した。

「うーん。そうなんですね。では矢島先生、仮に、のお話なのですが、設計図そのものの持込みはなく、明智さんが自らの記憶だけを頼りにアベスクリューで今回の新製品のスクリュー図面を再現・作成したような場合はどうなりますか」

　古池の質問が続く。

「そのような人の記憶に頼った情報については被用者の一般的知識・技能との区別が難しく、また職業選択の自由との関係もありますので、これをもって追及をしていくということは現実的ではないように思います。それにしても、古池さんは今、浅倉弁理士と御社の秘密情報管理体制を検討しているというだけあって、さすがに良く気づかれますね。勉強されている証拠ですね」（26頁 NOTE ④(3)参照）。

　ヤスシは、矢島と古池のやりとりを聞き、古池を秘密情報管理体制構築の主担当に任命した自分のひらめきは間違っていなかったと感じた。

「ところで、この設計図の他に本件で明智さんがアベスクリューに持ち込んだと思われる情報は思い当たりませんか」

「矢島先生、その他についてはどちらとも言えません。お恥ずかしながら、今回の新製品についても明智さんに開発を任せきりにしていたというに近く、私含め他の者はあまり把握できていないんです」

　うつむき加減で頭を掻きながら大輔が答えた。

「いや、設計図だけでは今回の製品は製造できない。新素材を製造するための材料配合、新素材の加工方法などのノウハウも持ち出しているはずだ」

　たたき上げの技術者であるヤスシの言葉には説得力がある。

「矢島先生、周辺を攻めてみますか」

　浅倉の眼鏡の縁がきらりと光った。

「では、コイズミスクリューの皆さん、今、社長さんが仰ったノウハウが、不正競争防止法上の『営業秘密』として認められうるものか否かを検討するため、『営業秘密』の要件であるその『秘密管理性』、『有用性』、『非公

知性』を主張できそうな資料を次回までにご持参下さい。古池さん、あなたの腕の見せ所ですよ」
「はいっ」
「もし、『営業秘密』と言えそうであれば、不正競争防止法第2条第1項7号、8号、9号等の問題になるでしょうから、私も矢島先生とともに特定侵害訴訟の訴訟代理人として受任させてもらって、頑張りますよ」
　浅倉の笑顔はいつもながらに皆を安心させる。
「あ、それから、明智さんの持ち出し行為がハードコピー（紙）や会社のUSBメモリ等の物理的媒体によってなされたのか否かを確認しておいて下さい。営業秘密侵害罪、横領罪等として追及していくことも視野に入れますので」

NOTE

④　従業員が業務で考案したアイデアは誰のもの？

　この事例では、明智は、会社の指示に基づき新しいスクリューの開発に従事しています。そして、新しいスクリューのアイデア（目に見えない技術的思想）は「発明」（自然法則を利用した技術的思想の創作のうち高度のもの。特許法第2条第1項）に該当し、設計は設計図やデータという形で表現されれば「著作物」（思想又は感情を創作的に表現したものであつて、文芸、学術、美術又は音楽の範囲に属するもの。著作権法第2条第1項第1号）に該当すると考えられます。これらに関する権利は、一体、誰のものになるのでしょうか？

(1)　職務発明

　発明については、出願して特許権が付与されれば保護を受けることができます。従業員が業務で考案した発明は「職務発明」といいますが、この職務発明について特許を受ける権利は、あらかじめ就業規則等で、使用者（会社）に特許を受ける権利を取得させると定めていた場合には会社に帰属し（ただし、従業員に相当の利益を与えなければなりません）、このような定めがない場合には従業員本人に帰属することになります。コイズミスクリューとしては、従業員との契約、就業規則等の社内規程において、①職務発明に

ついて特許を受ける権利は会社に帰属すること、②従業員に提供される相当の利益（金銭、昇進・昇格、ストックオプション、休暇等）について定めておくべきでした。なお、相当の利益については従業員との間で、協議、基準開示、意見聴収等の手続が必要です（特許法第35条第5項・第6項、特許法第35条第6項の指針（経済産業省、2016年4月22日））。

「職務発明の要件」は、①従業員が行った発明であること、②発明が使用者の業務範囲に属すること、③発明に至った行為が従業員の現在または過去の職務に属することです（特許法第35条第1項）。

(2) 職務著作

従業員が業務で創作した著作物（職務著作または法人著作といいます）についての権利は、従業員との契約や就業規則等で「従業員を著作者とする」という定めがない限り、会社が著作者となり、著作権を有することになります。

「法人著作」の要件は、①著作物の創作が会社の発意（企画立案）によるものであること、②会社の業務に従事する者が創作すること、③職務上で創作されること、④公表する場合には会社名義で公表されること、⑤契約や就業規則に従業員を著作者とする定めがないことです（著作権法第15条第1項）。なお、プログラムの著作物については④の要件は不要です（著作権法第15条第2項）。

(3) 従業員によるアイデア

従業員が業務で考案したアイデアが特許や著作物に該当しない場合（たとえば、アイデア（発明）を非公開としたい場合には特許出願をしないという選択もあります。特許出願した場合、出願日から1年半経過後、出願内容が公開されることになるからです。また。設計図やデータという文書や図などに表現されていないものは著作物ではありません）であっても、一定の要件を満たせば「営業秘密」に該当します。

では、従業員が考案したり、知りえた営業秘密は、誰のものになるのでしょうか？

従業員が業務において知りえた情報の帰属について争われた事例があります。投資用マンション顧客名簿事件（知財高判平成24・7・4）は、投資用マンションの販売を営むXの営業部に属する従業員Yが、X在職中に新規開拓した顧客情報について、Xを退職する際に、顧客情報の返還と秘密保持を求められ、これらを誓約したにもかかわらず、X退職後、本件顧客情報を使用したというものです。裁判所は「本件顧客情報は、元従業員の携帯電

話や記憶に残っていたものも含め、会社の営業秘密に該当するというべきであって、元従業員は、その帰属主体ではない」という旨判断しています（「営業秘密」の要件は 14 頁 **NOTE** ①参照）。

なお、裁判所は、「従業員がその業務遂行に当たって独自の経済的負担があったからといって、従業員は、直ちに本件顧客情報の帰属主体となるものではない」、「事業内容及びそこにおける本件顧客情報の重要性に照らすと、従業員が業務上知り得た情報が会社のみに帰属したとしても、憲法の規定を踏まえた私法秩序に照らして従業員の職業選択の自由を看過し難い程度に著しく制限するものとまでは評価できない」という旨も述べています。

なお、この事例では、裁判所は、本件顧客情報は「電子データとして一元管理されており」、「入室が制限された施錠付きの部屋に保管され」、「その利用も……営業部所属の従業員に限定され」、「各部内に常備された本件就業規則で秘密保持義務を規定するとともに退職時に秘密保持に関する誓約書を提出させ」、「各種の情報セキュリティを実施して ISMS 認証や ISO／IEC27001 認証を取得し」、「従業員に対する『ISO27001 ハンドブック』の配布やこれに基づく研修・試験といった周知・教育のための措置を実施したりしていたのであるから」、会社 X は、「従業員に対して、本件顧客情報が秘密であると容易に認識し得るようにしていたものといえる。」として、本件顧客情報の秘密管理性を認めています。

⑤ 情報漏えい対策（5 つの「対策の目的」と退職者への対策）

情報漏えい対策は、目的を考えず闇雲に実施してしまうと、業務に過度な制限がかかり、無駄なコストも発生しかねません。そこで、まず、場所・状況・環境に潜む「機会」が犯罪を誘発するという犯罪学の考え方なども参考にしながら、秘密情報の漏えい要因となる事情を考慮し、5 つの「対策の目的」を設定したうえで、それぞれに関する対策を提示します（「秘密情報の保護ハンドブック」17 頁～20 頁参照）。その上で、退職者に対する情報漏えい対策についてもう少し掘り下げて検討してみましょう（「秘密情報の保護ハンドブック」55 頁～62 頁参照）。

(1) 5 つの「対策の目的」

　(ア) 接近の制御

秘密情報に「近寄りにくくする」するための対策で、秘密情報へのアクセス権者を設定し、施錠管理・入退室制限等により、アクセス権限を有しない者を対象の秘密情報に近づけないようにすることを目的としています。まず

は社内の規程等により、アクセス権設定に関するルールを策定することが必要です。
　(イ)　持出し困難化
　秘密情報の「持出しを困難にする」ための対策で、秘密情報が記載された会議資料等の回収、記録媒体の複製制限、従業員の私物USBメモリの利用制限等により、秘密情報を無断で複製したり持ち出すことを物理的、技術的に阻止することを目的としています。
　(ウ)　視認性の確保
　漏えいが「見つかりやすい」環境づくりのための対策で、職場レイアウトの工夫、防犯カメラ設置、入退室記録、PCのログ確認等により、秘密情報の漏えいを行ったとしても見つかってしまう可能性が高い状態であると認識されるような状況を作り出すことを目的としています。
　(エ)　秘密情報に対する認識向上（不正行為者の言い逃れの排除）
　「秘密情報と思わなかった」という事態を招かないための対策で、秘密情報の取扱いに関するルールの周知、秘密情報である旨の表示を行うこと等により、秘密情報に対する従業員等の認識を向上させることを目的としています。
　(オ)　信頼関係の維持・向上等
　従業員等のやる気を高めるための対策で、働きやすい職場環境の整備や適正な評価等によって企業への帰属意識や仕事へのモチベーションを向上させるといった取組みにより、職場のモラルや従業員等との信頼関係を維持・向上することを目的としています。この取組みは、企業の生産性向上等の観点から重要ですが、情報漏えい対策としても有効であると考えられます。
(2)　退職者に対する情報漏えい対策
　退職者については、従業員等に向けた5つの対策に関し、必要に応じて強化した対策を実施すること等が必要となります。
　(ア)　秘密情報へのアクセス制限（接近の制御）について
　明智のような中途退職者については、退職の申出があった後速やかに、秘密情報へのアクセス権を削除したり、制限したりする必要があります。
　(イ)　持出し困難化について
　これも同様に、中途退職者の場合には、退職の申出があった後速やかに、社内貸与の記録媒体、情報機器等（USBメモリ、携帯端末、PCなど）を返却してもらう必要があります。
　情報の持出しの態様としては、USBメモリなどの記録媒体によるものが圧倒的に多いとの調査結果もあり、記録媒体の持出し困難化が最も重要な対

策といえます。

　転職元では、記録媒体の持出しが物理的・技術的にできない、あるいは困難となるような対策を最優先に検討していくことになります。

　転職先では、転職元から記録媒体を一切持ち出していないとの個別誓約書を取得し、記録媒体を一切受け取らない・持ち込ませないよう対策していきます（田中・前掲書40頁～41頁参照）。

　(ウ)　情報漏えい行為の検出容易化（視認性の確保）について

　退職の申出があった後、業務の引き継ぎも兼ねて、PCやネットワーク等の情報システム内に記録・保存された内容を確認するとともに、システムへのログについて退職の申出後だけでなく、それ以前のものも含めて集中的に確認するということも有効です。

　(エ)　秘密情報義務に対する認識向上について

　退職予定者に対しては、面談等を通じて、在職中に知り得た秘密情報を確認するとともに、当該秘密情報を返却・消去してもらい、これらを含めた秘密保持契約の締結や誓約書を提出させることが有効です（誓約書等の写しを本人に渡すことにより情報漏えい行為の抑止効果も期待できます）。これに加えて、明智のような技術や研究、プロジェクト等のキーパーソンに対しては競業避止義務契約を締結することも考えられます（競業避止義務の詳細は6を参照）。

　(オ)　退職者との信頼関係の維持・向上について

　適切な退職金を支払って、円満な退職を促し、退職者による情報漏えいを防ぐことも重要です。手厚い送別会を開くことが有効な抑止力になることもあります。他方、退職後の競業避止義務違反や情報漏えいを行った場合には、退職金の減額処分や返還請求などの措置をとることをあらかじめ社内に周知し、実際にこれを実施することは、競業や情報漏えいを企図している退職者に対して有効な牽制になると考えられます（本文18頁以下参照）。

　上記の5種類の各対策について、時間とコストを踏まえて優先順位をつけ、実務上導入が難しい優先対策があれば次順位の対策で補完するなど、その相互関係を把握する必要があります。まずは、実務上、②「記録媒体の持出し困難化」①「アクセスの防御」③「視認性の確保」の3つが特に重要であり、この順番で優先順位がつけられる点を押さえておきましょう（田中・前掲書36頁～39頁参照）。

6 競業避止義務について

競業避止義務については、退職者の「職業選択の自由」を制限するおそれがあるので、その必要性と内容など、退職者に対する義務の範囲を合理的なものにする（義務に対する代償・見返り含む）ことが重要です。

裁判例（奈良地判昭和45・10・23）では、競業避止義務契約について「債権者の利益、債務者の不利益及び社会的利害に立って、制限期間、場所的職種的範囲、代償の有無を検討し、合理的範囲において有効」としています。もう少し具体的な留意点について、掘り下げて見てみましょう（「秘密情報の保護ハンドブック」の参考資料5「競業避止義務契約の有効性について」参照）。

〈競業避止義務契約の有効性判断のポイント〉
(1) 守るべき会社の利益があるかどうか
(2) 競業避止義務契約の内容が目的に照らして合理的な範囲か
①従業員の地位、②地域的な限定があるか、③競業避止義務の存続期間、④禁止されている競業行為の範囲、⑤代償措置が講じられているか

(1) 守るべき会社の利益があるかどうか

会社にとって守るべき利益は、不正競争防止法上の「営業秘密」に限定されません。営業秘密に準じるほどの価値を有する営業方法や指導方法等の独自のノウハウについては、営業秘密として管理することが難しいものの、競業避止によって守るべき企業側の利益があると判断される場合があります。

(2)-① 従業員の地位が競業避止義務を課す必要性のある立場にあるか

形式的な職位ではなく、具体的な業務内容の重要性、特に会社が守るべき利益との関わり（秘密情報に接しているかどうか等）が判断されます。特定の職位にある者すべてを対象とするだけの規定は合理性が認められにくいといえます。

(2)-② 地域的な限定があるか

地理的制限がないことのみをもって競業避止義務契約の有効性が否定されるわけではありません。地域制限がない場合であっても、会社の事業内容や、禁止行為の範囲などの職業選択の自由に対する制約の程度を総合考慮して判断されます。

(2)-③ 競業避止義務の存続期間

従業員（労働者）の不利益の程度を考慮した上で、業種の特徴や会社の守るべき利益を保護する手段としての合理性等が判断されます。1年以内の期間については肯定的に捉えられる場合が多いです。

(2) - ④　禁止されている競業行為の範囲

　　競業企業への転職を一般的・抽象的に禁止するだけの規定は合理性が認められない場合が多いです。他方、業務内容や職種等が限定されている規定は肯定的に捉えられる場合が多いです。

(2) - ⑤　代償措置が講じられているか

　　代償措置が何もない場合には有効性が否定されることが多いです。なお、代償措置は、競業避止義務を課すことの対価として明確に規定されたものだけでなく、代償措置と呼べるもの（たとえば、高額の賃金など）でも構いません。

　　競業避止義務契約の有効性に関し、最初に考慮すべきポイント、有効性が認められる可能性が高い規定・認められない可能性が高い規定のポイント、労働法との関係におけるポイントについて、「秘密情報の保護ハンドブック」参考資料5「競業避止義務契約の有効性について」の「2.(3)競業避止義務契約の有効性に係るまとめ」に整理されていますので、興味のある方はご参照下さい（本文19頁以下参照）。

7　民事責任の追及、先使用の抗弁等

(1)　民事の責任追及

　　まず、コイズミスクリューから明智またはアベスクリューに対する民事上の責任追及（損害賠償請求等）について検討してみましょう。不正競争防止法の営業秘密の侵害を理由に訴える場合には、まずは当該設計図とデータが営業秘密に該当するかどうかを証明しなければなりません。営業秘密に該当する要件は、①秘密管理性、②有用性、③非公知性のすべてを満たす必要がありますが、このうち、①の秘密管理性が最も争われる重要なポイントといえます。

　　社内の秘密情報の管理体制が構築され、これが適切に実施されている必要があります。具体的には、以下のような取組みが考えられます。

①秘密保持に関する社内規程（以下の事項を網羅したもの）、秘密保持契約・誓約

②マル秘マークなど、秘密情報である旨の表示

③秘密情報へのアクセス制限（施錠、パスワード等）

④秘密情報の複製、頒布、持出しの制限

⑤秘密情報の廃棄、消去、返還

⑥従業員に対する秘密情報管理、秘密保持義務に関する周知・教育、監査

これらをすべて満たさなければ、必ずしも秘密管理性が認められないというわけではありません。ただし、会社が特定の情報を秘密として管理することが従業員に明確に示され（秘密としての表示、秘密情報管理規程、アクセス制限など）、この結果、従業員が当該秘密情報の管理について容易に認識できるような状態になっている必要があります。なお、有用性について争われることは少ないですが、自社の観点からだけでなく、不正取得者・情報漏えい者の観点からも有用な情報であるかどうかを見極め、適切に管理することが実務上重要でしょう。

(2) 先使用の抗弁

秘密管理性が認められたとしても、アベスクリューが出願した特許について、コイズミスクリューの営業秘密が不正に持ち出され、これが利用されたこと等を証明できない場合、コイズミスクリューは、不正競争防止法違反を理由にアベスクリューを訴えることは難しいでしょう。逆に、コイズミスクリューとしては、当該営業秘密を用いて新製品を開発・販売したときには、アベスクリューから特許侵害で訴えられる可能性があることにも留意しなければなりません。このような場合、コイズミスクリューの防衛策の一つとして、先使用の抗弁が考えられます。先使用権とは、他者が特許権を得た発明と同一の発明を、他者の特許出願時以前から、事業として実施または実施の準備をしていた場合には、その事業を継続（その特許権を一定の範囲内で無償で実施）することができる権利です。先使用権を得るための要件は、①他者特許出願の発明と関係なく、独自に発明し、またはその発明を承継したこと、②他者の特許出願時に事業の実施または実施の準備をしていること、③日本国内において②の実施または実施の準備をしていることです（特許法第79条）。

そして、これらを証明するためには、自社の発明内容などについて記録を整理し証拠化しておくことが必要です。たとえば、関連書類をCD化した上で封筒に入れて封印し、これに確定日付の付与を受けたり、事実実験公正証書の作成（実験など、公証人が直接体験した事実に基づいて作成）などが証拠力を高める有効な手段と考えられます。

➤特許庁「先使用権制度について」
http://www.jpo.go.jp/seido/tokkyo/seido/senshiyou/index.html

(3) 侵害者にならないために

他方、アベスクリュー側の対策としては、転職者の採用時に転職元（コイズミスクリュー）での秘密情報を自社に持ち込んだり、業務で使用したりし

ないための対策の一つとして、転職者にその旨の誓約書を提出させることが考えられます。その誓約書の中に、たとえば、「第三者の完成させた職務発明等をアベスクリュー名義で出願しない」という事項を盛り込むことも会社防衛の一対策となりうるでしょう。また、転職者から技術情報の売り込みの申出があった場合には、その情報の出所を確認したり、誓約書に「出所元〇〇から正当に取得した情報である」旨の誓約書を提出させることも考えられます（「秘密情報の保護ハンドブック」112頁～118頁参照）。

CHAPTER3
▶ 情報漏えい対策、始動

1　コイズミスクリュー、情報漏えい対策に取り組む

(1)　ヤスシの決意

「300万円!?」

社長のヤスシを前に、総務部長の松本、総務部の黒木、そして古池の3人は思わず目を見開いていた。会議室の窓からは満開になった桜が見える。例年であれば花見のシーズンであった。

「ああ。とりあえず300万円の特別予算をつけるから、情報漏えい対策の実行計画を作って、稟議を上げてほしい」

「しかし、社長……例の件もあって今期の損益は大変厳しくなることが見込まれます」

松本が心配するのも無理はない。コイズミスクリューは従業員数95名、売上高23億円、経常利益5,000万円の中小企業である。スクリュー業界のコストダウン競争は激しい。300万円の投資は決して小さな額ではない上に、アベスクリューに新製品を先んじられた事実は開発計画の大幅な見直しを余儀なくし、コイズミスクリューの経営を圧迫していた。今のコイズミスクリューには、安易に使える軍資金などないのだ。

「松本の言うことは分かるが、もう危機は顕在化したんだ。技術はウチの命だ。その命が簡単に盗まれる、いや、盗まれたかどうかもワシらはしばらく気がつかなかった。今のウチは、家に数億円の現金を置いて、鍵も締めず、金庫にもしまわず、監視カメラも付けずに放置しているようなものだ。この状態を放っておけるか」

結局、明智が設計図を持ち出したという物証は得られなかった。設計図はデータサイズが大きいため、PCからUSBメモリなどの可搬記憶媒体に複写して持ち出した可能性が高い。しかし、コイズミスクリューで取得していたシステム上のログはシステム管理者のイベントログに留まり、社

員一人ひとりの端末操作やファイル操作のログまでは取得していなかった。Eメール送信やwebアップロードの履歴は取っていたが、不審な振る舞いを示すものは見つけられなかった。紙面の設計図をコピーした可能性もあるが、複写機には利用者認証や出力履歴の記録を行う機能がなく、証拠は残らない。

　浅倉先生によると、お金をかければフォレンジックという手法により明智の使っていた端末に記録されたデータを復元することができるらしい。そうすると、明智が過去に設計図を端末に格納したことがあるどうか、その時期などが判明する。しかし、仮に明智の端末に格納された事実が特定されたとしても、技術部の課長であった明智が設計図を保有することに不自然な点はなく、それだけをもって有力な物証とすることは難しそうであった。

　まさにヤスシの言うとおり「鍵も締めずに監視カメラも何もない家に数億円を放置している状態」であったのだ。加えて、設計図・設計データにマル秘の表示が付されていないなど、秘密情報としての管理も不十分であったことから、明智やアベスクリューに対する法的な責任追及は難航を極めていた。

ONE POINT　フォレンジック

　フォレンジック（デジタルフォレンジック）とは、犯罪捜査における分析・鑑識を意味する語で、コンピュータなどの電子機器に残るファイルやアクセスログの記録を収集・分析し、証拠を探し出すことを指します。民間事業者が請け負っており、破壊・消去された記憶装置を復元し、証拠となるデータを割り出すこともできます。

　ヤスシは黒木に目を向けた。
「そこで、黒木さん。情報漏えい対策にはIT面の検討も必要だろう。古池さんを全面的にバックアップしてほしい」
「それで私が呼ばれたのね」
　黒木さんと呼んでいるが、黒木はヤスシの姪である。大輔とは幼なじみ

だ。今から20年以上前に、工学部を卒業した黒木をヤスシが自分の会社に呼んだ。今では2人の子供の母親である（高校生で空手部の娘と、中学生で軽音楽部の息子がいる）。最初は技術部に所属していたが、2人の子供が小学生の頃に時間的に融通が利く部署で働きたいとの理由で総務部に移り、そのまま居座ってしまった。主に購買業務を担当しているが（社員が何かを購入したいときは『黒木チェック』を突破する必要がある！）、技術部にいたときの知識を生かして社内情報システムの管理も担当していた。

「ところで社長。経営者としての危機感はよく分かりましたが、どうして300万円なの？」

もともと勝気な黒木はヤスシに対してズバズバと物を言う。コイズミスクリューの影の実力者である。

「長年の経営の勘だよ。これ以上はかけられん。中身を考えるのは……そうだ松本！　お前の仕事だ」

「私ですか!?」

ヤスシの無茶振りに素っとん狂な返事をしつつ、総務部長松本の頭の中には工場長浜田の顔が浮かんでいた。

（浜田さんは工場設備への投資を切望しているからなぁ。この話を聞いたら何と言うか。厳しい追及を受けるに違いない……。）

「なるほど、そういうことね」と黒木。

「社長の300万円がドンブリ勘定であることは分かったわ。技術に対する気持ちもね。社長は経営者である前に根っからの技術者だものね」

「それがコイズミスクリューだ」

「社長、あなたが一番よくご存じのとおり、ウチみたいな町工場でこんな事件が起こるとは誰も思ってなかったから、情報漏えい対策なんて最低限のことしかやっていないのよ。設計図のデータは従業員であれば誰でも見ることができたわ」

これは事実だった。設計図は事務所に設置されたファイルサーバに格納されており、PC保有者であれば誰もが閲覧できた。町工場であるコイズミスクリューの強さは、部署間の垣根を作らず、開発・工場・営業が意見

をぶつけあい、汗を流し合って一緒にモノを作る社風にあった。
『コイズミスクリューは全員がスクリューのプロであれ』
　ヤスシが言い続けてきたことだ。このため、製品情報は社員の誰もが見られるようになっていた。情報管理を始めるためには意識面と環境面の双方からの見直しが必要であり、その前には十分な議論がなされる必要があった。
「とにかく分かったわ。少し時間をちょうだい。古池さんと実行計画を考えてみるわ。社長もふんぞり返って指示をしているだけじゃなくてちゃんと考えるのよ」
　黒木にかかるとヤスシもタジタジである。

> **ONE POINT　アクセス権の範囲**
> 　秘密情報へのアクセス権の範囲は「need to know（知るべき者だけが知っている）」が原則ですが、秘密情報は日々の業務の中で活用されてこそ価値を発揮するものであることを踏まえると、やみくもな限定は事業活動を阻害する要因につながります。情報の活用と管理のバランスを考慮することが重要で、アクセス権の範囲設定はまさに企業の情報戦略そのものといえます。

(2)　黒木の思案

　ヤスシとの打合せから2日後。
　打合せを終えた古池が黒木の席を通りがかると、黒木はA3の紙にペンを走らせて何やら絵のようなものを書いていた。
「黒木さん、何を書いているのですか？」
「あ、これね。地図。マップ」
「地図？」
「あれから私もいろいろ考えたのよ。最初は情報の不正持出し対策をターゲットにして進めることを考えていたのだけど、そう単純ではなさそうね」
「と言いますと……」
「今回はたまたま退職者による情報持ち出しが起こったけれど、次にウチ

の"命"たる技術が外部に漏れる方法は何かしら？ 社外でのパソコン紛失かもしれない。ウイルス感染かもしれない」

古池には黒木の言いたいことが理解できた。

「確かに……。発生した事象にその都度パッチを当てるだけではモグラ叩きを繰り返すことになりますね」

「そう。あなたから渡された経産省の『秘密情報の保護ハンドブック』を読んだわ。情報漏えいリスクは多種多様ね。もう少し中小企業向けのものがないかと思ってインターネットで探してみたら、IPAという機構からも中小企業向けの情報セキュリティ・ガイドラインが発行されていたわ」

古池は、黒木の机の上に置かれていたガイドラインを手に取った。"営業秘密管理"と"情報セキュリティ対策"という観点の違いはあるが、企業実務では重なる内容が多く、参考になりそうだ。

「なんだかものすごく遠く険しい道に思えますね……」
「そうね。でも、すべてを網羅する必要はないわ」
「必要なものを選択するってことでしょうか？」

「そう。立派な参考書や対策例のカタログはある。でも、コイズミスクリューが『何を』『どこまで』『いくらをかけてやればいいのか』はどこにも書いていないし、誰も教えてくれない。これを定義することが、私たちが最初に取り組むべきことじゃないかしら」

　それは古池も感じていたことであった。中小企業に限った話ではないが、営業秘密管理や情報セキュリティ対策は投資対効果が見えにくい。対策を講じた結果、売上げが伸びたり、製品品質が向上したりするものではない。間接的にそのような効果をもたらすことはあるが、普段はもっぱら損失を抑えるための取組みだ。何をどこまでいくらかけて対策をとるのか、その答えは自分たちで考えるしかない。

「リスクがあるから対策をとる。まずは敵を把握しましょう」

「はい」

「ご理解いただけたら手伝ってもらうわよ。それに、最終的にはあなたの取り組んでいる"秘密情報の決定"とも結びつけないとね」

「はい！」

　黒木と古池の共同作業が始まった。

ONE POINT　IPA

　IPA（情報処理推進機構）は、経済産業省所管の独立行政法人で、情報システムやソフトウエアの総合的な強化を図ることを目的とする機構です。情報セキュリティに関しても有用な情報が数多く提供されています（http://www.ipa.go.jp/）。

　3日後。総務部長の松本、そして黒木と古池の3人が会議室に集まっていた。数日前に満開だった桜はハラハラと散り始めている。

「夜桜にはもってこいだねぇ」

　と退社後のひと時に思いを馳せる松本を尻目に、黒木が資料を広げた。

「リスクマップ？」

　黒木が広げた資料には『コイズミスクリュー　情報セキュリティ・リス

クマップ』と題された絵図が描かれていた。
「あら、黒木さん。また変わったものを作ってくれたねぇ」
　松本が資料に目を移し、興味を示した。
「進捗はまだ半分。古池さん、部長に説明してあげて」
　古池は、リスクマップの趣旨を松本に説明した。情報漏えい対策といっても多岐にわたること、何をどこまでやればいいのか、何から着手すべきなのか。検討を進めるにあたっては、第一にコイズミスクリューで起こりうる情報セキュリティ・リスクの全体を俯瞰して眺めてみる必要がある。だから想定されるリスクを洗い出してみた。
　リスクマップには、コイズミスクリューの建屋とネットワーク回線が書かれ、その上にさまざまなリスクが書き込まれていた。
「なるほど。こうやって見ると全体が見渡せるなぁ」
「文章だけだと部長さんたちには伝わらないからね。絵で示すのが一番」
「でもさぁ。リスクがたくさんあるのは分かったけど、全部に対策を取っていたらとても300万円じゃ収まらないよ」
　松本はどうしても工場長浜田の顔を思い浮かべてしまう。
「部長、私は『進捗はまだ半分』と言ったはずよ。このマップは私たちを取り巻くリスクの存在を並べてみたにすぎないの。次に私たちはこれらのリスクを評価して、対処すべきリスクの優先順位付けをするの」
　黒木が即座に応じた。
「リスクの優先順位付けをしたら、優先度の高いリスクから具体的な対策を検討します。限られた経営資源の中で何から取り組むか。2、3年をかけたロードマップを書くつもりです」
　古池が黒木に続く。
「なるほど！　3年計画ならコストも分散できそうだね」
　松本は浜田対策が気になって仕方がない。
「さて」
　と黒木が言った。
「次はリスクの評価作業に移るけど、部長、もちろんあなたも手伝ってくれるわよね」

■コイズミスクリュー 情報セキュリティ・リスクマップ
"リスク洗い出し編"（一部抜粋）

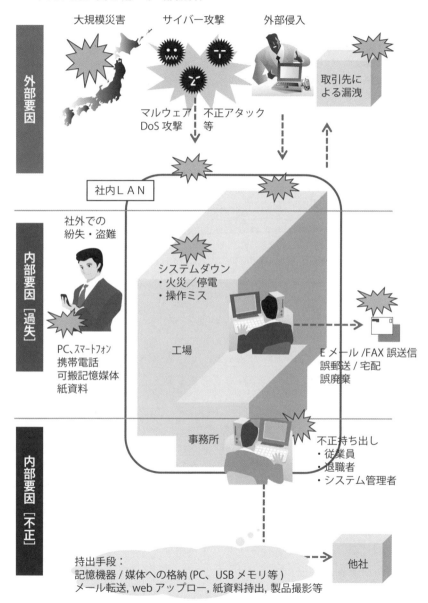

黒木と古池に、松本を加えた共同作業が始まった。

2　実行計画の共同作業開始

　桜の花びらは辺り一面に散り敷かれ、花見シーズンも終わりが近づいていた。会議室には社長のヤスシをはじめ、技術部長大輔、工場長浜田、営業部長太田が揃っている。末席には総務部長松本、そして黒木と古池の3人が座っていた。
「えらいごっつい資料を作ったなあ」
　と工場長浜田がつぶやく。皆、一様に『コイズミスクリュー・情報漏えい対策』と書かれた資料を手に取っている。
　アベスクリューの一件で大打撃を受けたコイズミスクリューだが、希望の光も差し込んでいた。国内大手の重工業メーカー「東京重工業株式会社」から地熱発電設備用タービンの共同開発の話が持ちかけられたのだ。
　ヤスシが口を開いた。
「東京重工さんとの共同開発には社運をかけて取り組まないといかん。そのためにも、もう二度とこんな事件を起こすわけにはいかん。そこで古池さんと黒木さんに実行計画をまとめてもらった。300万円の予算をつけてある」
　300万円という経費予算に大輔が驚いている。浜田は眉間に皺を寄せた。その隣で営業部長の太田も腕組みをしたまま考え込んでいる。
「担当の古池から説明をいたします」
　古池はひと息吸って、説明を始めた。部長らの様子は目に入っていたが、自分なりに考え抜いた自信はあった。あとは意見をぶつけ合えばいい。角度は違えど、皆コイズミスクリューのことを真剣に考えているのだ。
「ご存じのとおり技術は当社の命です。今回の件を契機に当社の情報管理を見直したいと思います。まずは敵を知りましょう。別紙のリスクマップ"リスク洗い出し編"をご覧下さい」
　古池は、コイズミスクリューをめぐる情報セキュリティ・リスクの全体像を示し、情報の持出し対策だけでは対症療法になりかねないことを説明した。次にリスクマップ"評価編"を示し、トラブル発生時の損失インパ

第1講 ゼロからの情報管理——体制構築までのプロセス

■コイズミスクリュー 情報セキュリティ・リスクマップ "評価編"

(一部抜粋)

想定リスク			損失インパクト			情報漏えい対策		今後の計画
			頻度	影響	総評	一般情報	営業秘密への強化策	
外部要因	サイバー攻撃	マルウェア／ウイルス感染	2	2	4	端末用ソフト導入 ゲートウェイソフト導入	—	来年度の強化対象
		不正アタック ・DoS 攻撃 ・公開HP/DMZ への攻撃等	2	2	4	FireWall 導入 IPS 導入 セキュリティパッチ適用	—	
		建屋への不正侵入	1	2	2	入館制限(IC カード)	キャビネット施錠	—
	他社からの漏洩	お客様から	1	2	2	NDA 締結	原則開示しない	—
		仕入先から	1	2	2	NDA 締結		
		クラウド事業者	1	3	3	(今後利用)		委託先評価
内部要因 [過失]	紛失盗難社外	PC	2	2	4	パスワード設定 一部 PC は暗号化	脆弱	持出 PC を全台暗号化!
		スマートフォン 携帯電話	2	1	2	パスワード設定		暗号化の検討
		紙資料	2	1	2	(有効な対策なし)		
	誤送移	メール誤送信	3	1	3	添付ファイル暗号化		
		FAX 誤送信	1	2	2	宛先の指差確認		
		誤郵送／配送	1	2	2	宛先の指差確認		
	誤廃棄	情報機器	1	3	3	消去ソフトで消去		
		可搬記憶媒体	1	3	3	消去ソフトで消去		
		紙資料	2	1	2	シュレッダーで裁断		
内部要因 [不正]	社員による不正	電子データの不正取得	1	3	3	(有効な対策なし) ※人事情報等のみアクセス制限	脆弱	不正接続遮断やログ取得の緊急対策!
		紙の不正取得	1	3	3	—	キャビネット施錠	
		機器/媒体の盗難	1	3	3	ワイヤーロックで固定等		
	システム管理者による電子データの不正取得		1	3	3	イベントログの取得	—	監視体制の検討

古池は損失インパクトを発生頻度×影響度で算出した。
発生頻度 ・・・ 1 (数年に一度程度) 2 (1年に一度程度) 3 (年に数回)
影響度 ・・・ 1 (軽微な影響) 2 (部門業務に影響) 3 (経営への影響大)

クトが大きく、かつ、現行対策では脆弱であると考えられるものから優先的に取り組む考えを説明した。

リスクマップ"評価編"は古池がまとめたものだ。『洗い出したリスク』『秘密情報の分類』『情報漏えい対策』の３つをどのように組み合わせるかを夜通し考え、一覧表にまとめた。

「なるほど！ 横の列に想定リスク、縦の列に秘密情報の分類別の情報漏えい対策を配置したのね。面白いじゃない。これなら全体を俯瞰的に見ることができるわ」

と黒木も褒めてくれた。リスク評価の結果に基づいて取り組みの優先順位付けをする手法は、社長や部長たちも品質や環境のマネジメントシステムを通じておなじみのはずだ。

「数値はあくまで施策を決めるための目安ですので、定性的に"えいや"で入れています。後ほどご検証下さい」

ONE POINT　リスク評価

　リスク評価（リスクアセスメント）の方法は、情報セキュリティマネジメントシステムの標準規格といえるISMS／JIS Q 27001 に定められた評価プロセスが有名です。とはいえ、情報セキュリティ・リスクは業界や業務によって大きく異なるため、適宜、自組織に合った方法で評価を行っています。コイズミスクリューのような簡易的な評価でも十分な効果を得られるでしょう。

リスク評価の説明を終え、古池は本題に入ることにした。

「評価を行った結果、わが社にとっての最優先事項はやはり『不正持ち出し対策』であると考えます。故意による持ち出しは、ターゲットとなる情報を予め特定して、狙いを定めてから持ち出すため、発生時の損失インパクトが巨大なものとなります。これからわが社が取り組むべき対策の項目とコストを資料にまとめました」

古池が示した資料には次のように書かれていた。

第1講　ゼロからの情報管理──体制構築までのプロセス

■情報漏えい対策とコスト　　　　　　　　　　　　　　（一部抜粋）

X年度 【最優先事項】	1	不正持ち出し対策 　端末管理ソフト導入 　クラウドサービス利用(初期費用込) 　ネットワーク工事	￥600,000 ￥330,000 別途見積
	2	社外での紛失・盗難 　PC暗号化ソフト(10台) 　モバイルルーター(5台、年額)	￥ 70,000 ￥200,000
		計	￥1,200,000 ＋工事費用
X+1年度	1	マルウェア・不正アタック対策 　ファイアウォール交換 　ウイルス対策ソフト(3年分の更新)	￥300,000 ￥500,000
	2	継続費用 　クラウドサービス利用(年額) 　モバイルルーター(5台、年額)	￥300,000 ￥200,000
		計	￥1,300,000

※コイズミスクリューの保有PCは約50台（従業員95名のうち工場スタッフは共有PCを利用）

　古池は説明を続けた。
「不正持ち出し対策として、第一に端末管理ソフトを導入します。これを導入すると、USBメモリ等可搬記憶媒体の不正接続をシステム的に遮断したり、PC上での使用者のあらゆる操作ログを記録したりすることが可能となり、従業員による不正持出しに対する強力な防御策となります」
「PCでの振る舞いをすべて記録されるのか。監視される気分だな……」
　と営業部長の太田がつぶやく。
「最初は抵抗感があると思います。しかしIT時代のセキュリティ対策としては必須アイテムと言えますし、いざというときに自らの正当性を証明するためにも必要なものです」

若い古池の熱意に、社長のヤスシが応じた。
「了解した。端末管理ソフトの導入目的はワシから社員に説明する。その次の項目の『クラウドサービスの利用』は何のことだ？」
とヤスシがたずねた。これには黒木が答えた。
「データの保管場所として、オンラインストレージ・サービスを利用したいと思うの。不正持出し対策のために端末側だけでなく、サーバ側でもファイルへのアクセスログを取得できる環境にしたい。それにサーバ管理って大変なのよ。ちょうどウチのサーバは老朽化していて、そろそろリプレースしなくちゃならない。諸事情を総合的に考えると自前で構築するよりも、餅は餅屋を利用した方が良いと思うの」
「外注するのはいいが、業者はデータをふっとばした場合の責任を取ってくれるのか？」
「多くの場合は契約上で免責されてしまうけど、責任を取ることができないのは私が管理していても同じよ。専門業者が管理するデータセンターと、ウチの事務所で私が管理するサーバのどちらが安全か。これは確率論の問題ね」
「了解した。技術データを滅失したらウチは崩壊だ。少し高い気もするが必要経費だろう。業者の信頼性評価はしっかりやってくれ」

ONE POINT　サーバ管理

　黒木が言うように、サーバ管理には相応の労力とコストを要します。ウイルス対策、バックアップ取得、停電対策、マシン性能や記憶装置の空き容量の定期確認、最近では災害対策も叫ばれています。情報の"漏えい"もさることながら"滅失"も企業にとっては深刻。IT担当組織のない企業ではクラウドサービス等へのアウトソージングを検討してみると良いでしょう。利用の際には、ヤスシの言うように安全性の観点での十分な比較評価を行って下さい。

古池が説明を続ける。
「もう一つ、本年度の取組事項としては社外に持ち出すPCの紛失・盗難

対策を挙げます。今後はモバイルルーターを貸し出すので社外からデータを閲覧したいときはPCからクラウドにアクセスしてもらいたいと思います。また、万一の紛失に備えてハードディスクが暗号化されていないPCには暗号化ソフトを入れます」
「う〜ん、インターネットにつながないと社外から資料が見られないのか。不便になるなぁ」
　営業部長の太田が再び腕組みした。
「この対策はあなたたち営業部員10人のためよ。特に太田部長！　あなた昨日もPCを持ったまま飲みに行ったでしょう！」
　黒木にぴしゃりと言われ、太田は自分の頭をペシと叩いた。
「間違いございません」

　ふと、それまで黙っていた工場長の浜田が顔を上げた。
「社長が太っ腹につけてくださった300万円の予算は、今期中には使わへんのか？」
「はい」
　と古池が答えた。
「社長のお気持ちに応えるために、私たちが出した結論です。情報漏えい対策は、今期だけの時限的な活動ではありません。わが社にとって『技術』が重要な経営資源である限り、半永続的に続く活動です。だから、今年きりの300万円よりも、毎年100万円ほどの予算を確保していただくことを強く希望します」
　黒木が古池に続く。
「直近の対策としては"不正持ち出し"と"社外持出PC"の対策を取れば、事業を揺るがすような大事故は起きないと思うの。世間ではマルウェアや不正アクセスの脅威が騒がれていて気になるところだけど、最低限のガードは施してあるし、ウイルス対策ソフトの更新がある来期に強化すれば何とかなるわ」
「ふむ」
　と浜田が肯く。

ここで古池は、松本部長から授けられていた秘策を発動した。
「社長。ご用意いただいた300万円のうち、残りの約180万円は工場設備への投資に充ててはいかがでしょう。当社に今必要なのは、逆境に負けずに品質の良いスクリューを作り続けることです」
「……!!」
　浜田が目を見開いて古池を見ている。松本から浜田への奇襲は見事に成功した。浜田が情報漏えい対策のコストに反対することは、もうないであろう。

　結局、「情報漏えい対策費用と工場設備の話は別物」というヤスシの一言で即決には至らなかったが、会議室ではその後も古池たちの提出案を元に、他にどのような情報リスクが考えられるか、IT環境は利便性とセキュリティの兼ね合いを考慮してどのように作っていくべきか、いくらかかるのかといった活発な議論が続いた。ヤスシや部長たち、黒木と議論を重ねながら、古池はコイズミスクリューの情報管理が今大きく進み出したことを実感していた。そして、自分がプロジェクトの担当者としてコイズミスクリューの未来を作っているのだという何とも言えない高揚感が心地よかった。

ONE POINT　社内全体で取り組もう

　情報漏えい対策は、管理部門だけでは決して成しえません。経営者と現場部門の理解と積極的な参加こそが成功の鍵を握ります。

NOTE

⑧　コイズミスクリューが構築した情報管理体制

　ストーリーではITを利用した情報漏えい対策を取り上げましたが、ここではヤスシや古池が構築した情報管理体制の全体像を紹介します。読者の会社における体制構築の際に参考にして下さい。

【体制】
　社長が任命する「情報管理事務局（2名）」が全社を取りまとめ、各セクションには責任者（部署長）およびその部内指導や点検を補佐する「情報管理係」を1名配置。会社規模を考慮した体制としている。
【社内規程】
　大企業並みにいくつもの社内規程を設ける必要性は低いため、2つに絞って社内規程を制定した。

情報管理規程　（承認：社長、管理元：総務部）
　秘密情報の定義、秘密情報のライフサイクル（作成・受領・保存・開示・提供・廃棄等）における取扱い、事故への対応等を定める規程を制定。

情報システム・セキュリティ規程　（承認：社長、管理元：総務部）

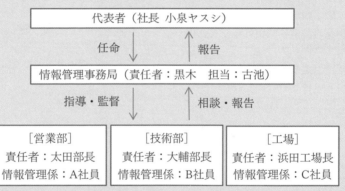

※監査は第三者機関（監査部門等）が行うことが求められるが、コイズミスクリューでは情報管理事務局が自主点検を実施。

社内ネットワークや業務システムの構築・運用管理、PC等情報機器の設定・運用ルールなどを定める規程を制定。
【秘密情報の決定】
　情報は現場で日々発生するため、すべての情報に対して経営者や管理職が「秘密情報か否か」といった判断を行うことは難しい。コイズミスクリューでは次の2つの方策をとった。
　（a）確定日付手続の利用
　多くの製造事業者と同様に、コイズミスクリューでも先使用権の確保を目的として、公証役場の確定日付印が付された書面等（以下、確定日付書面

等）の保存を行っていた。そこで、情報管理規程に『確定日付書面等の対象とした技術情報、および、将来において確定日付書面等の対象となることが見込まれる技術情報は当社の秘密情報とする。』と定めた。確定日付書面等の管理台帳は、秘密情報を示す台帳の一部を構成するものと位置づけた。

(b) 情報類型の指定

秘密とみなす情報類型をあらかじめ指定して、情報管理規程の別紙につけて周知した。

【ひな形の用意】

矢島弁護士に依頼し、次の3種類のひな形を作成してもらった。

①秘密保持契約書（双方開示型）——68頁
②誓約書（入社時）——76頁
③誓約書（退職時）——77頁

【年間活動計画】

情報管理事務局が毎年3月に当年度の出来事（発生トラブルや社会情勢）をリスクマップに反映し、その結果に基づいて翌年度の取り組み事項、社内規程の改定要否および年間活動計画を検討することとした。以下の計画では、教育と点検を通じて情報管理施策の浸透・定着を図ろうとしていることが伺える。

	頻度	主担当	1Q	2Q	3Q	4Q
秘密情報の決定 確定日付手続き等を通じた秘密情報の決定	随時	各部署	→→→→→→→→→→→→→→→→→			
リスク評価 リスクマップの更新	年1回 (3月)	情報管理事務局				▲ リスク評価 社内規程の見直し 年間活動計画の策定
社内規程の見直し リスク評価結果に応じた見直し						
年間活動計画の策定 リスク評価結果に応じた年間活動計画の策定						
教育 社員／受入社員への教育	年1回 (4月)	情報管理事務局	▲社員 ▲新人教育			

点検1（自己点検）各部署の情報管理係が自己点検を行い、結果を情報管理事務局に報告。<項目例>・ｳｲﾙｽ対策ｿﾌﾄのﾊﾞｰｼﾞｮﾝ・ｾｷｭﾘﾃｨﾊﾟｯﾁの適用・鍵の管理状況　など	毎月	各部署				
			▲▲▲	▲▲▲	▲▲▲	▲▲▲
点検2（巡回チェック）情報管理事務局が職場の遵守状況を巡回チェック	四半期ごと	情報管理事務局	▲	▲	▲	▲
経営報告(実績報告)管理職会議の一項目として報告	毎月	情報管理事務局	▲▲▲	▲▲▲	▲▲▲	▲▲▲

【教育】

　コイズミスクリューでは少なくとも年1回以上、会議室に社員を集めて教育を行うこととした。

　(a)　社長ヤスシのトップメッセージ

　経営者の声が従業員にダイレクトに伝わりやすい中小企業では、経営者の生の声こそがすべての活動の出発点となる。

　(b)　IPA 映像コンテンツの利用

　社員の意識向上のためには"危機感を持つこと"が欠かせないが、情報漏えいは当事者になってみないとその大変さが分からないものである。IPA では情報セキュリティに関する脅威や対策などを学ぶための映像コンテンツを無料で公開しており、社内教育に利用できる。

　➢ http://www.ipa.go.jp/security/keihatsu/videos/index.html

　(c)　全社教育と部内確認

「全社教育」では事務局が全部署共通の社内ルールの説明を行い、それを受けて、各部署で「自分たちの部署ではルールをどのように実行するか」を検討・確認することとした。また、部署長からの一方的な説明ではなく、参加する部員が運用・施策を提案しあう「改善型・提案型」の会議とすることで、当事者意識の醸成を図っている。

〈例〉
ルール　秘密情報が書かれた紙資料は、施錠可能な場所に保管
運　用　当部の秘密情報Aは、事務所のキャビネットBに保管し最終退出時には施錠しなければならない。鍵の管理はC部長が行うので、鍵が必要な場合はC部長に申し出て、台帳に記入する。

CHAPTER 4

▶営業の仕事

1　運用開始

(1)　鍵は……

　7月下旬。コイズミスクリュー営業部に、新しいキャビネットが設置された。情報管理事務局の局長になった黒木が、営業部長の太田に説明している。
「秘密情報として扱うものは、必ずこちらに入れて下さいね。就業時間中は解錠しておいても構いませんが、営業部に誰もいなくなるときは、施錠するようにして下さい。帰りに忘れないように、定時で一旦施錠するとよいですね。その後は、必要な時に開けてすぐに閉めれば、忘れにくいでしょう。営業部の皆さんにも周知徹底をお願いします」
　情報管理規程上、紙媒体の秘密情報は鍵付きのキャビネットに保管しなければならない。営業部で使用しているキャビネットも、実は鍵付きのものなのだが、数年前に鍵を紛失してしまい、施錠することができなくなってしまっている。その後は、特に重要と思われるもののみ、社員が自主的に、自分のデスクの鍵付きの引出しに保管する程度であった。そこで、新たに鍵付きのキャビネットを購入したのだ。
「鍵は、太田さんが管理することになっていますので、よろしくお願いします。間違っても、デスクの上に置きっぱなしにしたりしちゃダメですよ。いつぞやのアレのように」
　黒木がにやりとしながら鍵を渡すと、太田は苦笑いしながら言った。
「大丈夫だよ。アレで懲りたから……」

　──2年前、こんなことがあった。
　営業部長になって間もない太田は、極秘の社内会議の後、顧客のオフィスへ向かう予定であった。会議が長引き、慌てていた太田は、会議の資料

をデスクに置いたまま外出してしまった。そこへ、たまたま太田に用があったヤスシが訪れたのだ。
（あれ？　太田のやつ、こんな大事な資料をデスクに置いて！）
　夕方、帰社した太田は、ヤスシに会議室に呼び出された。
（何だろう……?）
「お呼びですか？」
「これ……何？」
　ヤスシの手には、例の資料が。静かな口調だが、眼光は鋭い。
「あ……」
　デスクに置きっぱなしにしたのを思い出し、太田は背筋が凍りついた。
「す、すみませんっ！　お客様との約束の時間が近づいていて、焦ってしまって」
「言い訳はいい。だが、今度やったら降格だからな！」

ONE POINT　秘密情報の管理

　２年前の事件では、たまたま社長のヤスシが発見して事なきを得ていますが、これが新しいキャビネットの鍵で、発見したのが、社内で作業していた外部の業者だったりしたら……と考えると、恐ろしいですね。仕組みを作るだけでは絵に描いた餅になってしまいますので、実際にきちんと運用していきましょう（61頁 **NOTE** 9、「秘密情報の保護ハンドブック」29頁・76頁参照）。

---

(2)　取引先との関係

(ア)　誓約書？

「あ、古池さん」

　太田の部下の田中が、情報管理事務局で黒木の部下となった古池に声をかけた。田中は、堂々としている太田と違い、気が弱いことが外見から明らかに分かってしまうタイプである。

「この間お客さんのところに行ったらさぁ、これにハンコ押して、次の打合せまでに持ってこいって言われたんだけど……」

手には、『秘密保持誓約書』と書かれた紙を持っている。
「ウチも規程とかできて、ちゃんとやろうっていう感じになってるから、とりあえず読んでみたんだけど……よく分からないんだよね。何となく、厳しいことを言われている気はするけど」
「ちょっと見せてもらっていいですか」
　古池がざっと読んだだけでも、秘密保持義務を負うのがコイズミスクリューだけであったり、先方から開示された"一切の情報"が対象となっていたりするなど、このまま押印するのはためらわれるものであった。
「うーん。確かに厳しいですねぇ。ところで、この件って、打合せなどで、当社の秘密情報を先方に渡したりはしないんですか？」
「いや、あるかもしれない」
「そうすると、厳しい内容をどうするかよりも、まずは、先方にも義務を負ってもらうかたちの契約書が必要ですよね。それがないと、当社からは情報を出せませんからね……」
「ウチからも情報を出さないと、話が進まないな。他社に仕事を取られちゃうよ」
「ですよね。であれば、まずは、お互いが義務を負う形式の契約書案に変更しないといけませんね。先方から出してもらってもいいですし、せっかく当社でもひな形を用意したので、こちらから先方に提示するのもよいのではないでしょうか」
「えー……イヤだなぁ。オレが言うの？」（61頁 **NOTE** [10]参照）
「そりゃそうでしょ。ほかに誰がいるのよ」
　黒木が横からフォローする。
「二人の言うとおりですよ。田中さん」
　大輔も割り込んできた。自分のデスクにいたが、『秘密情報』のキーワードが聞こえてきたので、技術部長として口を出したくなったのだ。
「田中さんの案件って、ドナルド社ですよね？　だとすると、原料の配合や試験結果をある程度開示しないと、先方も評価できないんじゃないですかね？」
「そ、そうですね……」

田中は、大輔の勢いに押されている。
「田中さんは軽く考えているかもしれないけど、それらの情報って結構コアな情報で、漏らされちゃうと、それこそ他社に仕事取られちゃいますよ。それを何の縛りもなく開示するんですか？」
「なるほど、そうですよね。じゃあ、頑張ってみます……」
「声が小さいんじゃなぁいい？」
　田中の弱々しい声に、すかさず黒木が突っ込む。
「は、はいっ！」

> **ONE POINT　秘密保持契約**
> 　自社からも秘密情報を開示する可能性がある場合は、躊躇せず、取引先にも秘密保持義務（「守秘義務」とも言います）を負ってもらうよう、しっかり交渉しましょう（61頁 **NOTE** 9参照）。ちなみに、秘密保持契約書は、NDA（Non-Disclosure Agreement）と言われることも多いようです（「秘密情報の保護ハンドブック」70頁参照）。

(イ)　包括的？
　3日後、ドナルド社との打ち合わせを終えた田中が、太田に報告していた。
「ドナルド社の担当と話をして、先方も義務を負う形のひな形をもらってきました。勇気を出して言ってみたら、『あ、そうですね。ではこちらで。』という感じで、あっさり受け容れてもらえましたよ。こちらが拍子抜けするくらいでした」
「だよね。そんなもんだよ」
「当社のひな形は拒否されましたけど、まぁそこはしょうがないかなと。で、そのNDAなんですけど、『本目的』っていうのを書くことになっているんですよ。まだドナルド社と具体的な話はしていないんですけど、将来的に出そうな開発テーマをまとめて、包括的な契約にしたらいいんじゃないかと思ってます」
「包括的？」

第1講　ゼロからの情報管理──体制構築までのプロセス

「ええ。たとえば、『スクリューの素材および形状についての検討』とか。これからいくつか開発テーマが出てくると思いますが、その度にNDAを作るのは手間ですからね」
「なるほど。確かに同じようなのをいくつも作るのって、面倒で非効率な感じがするよね。でも、NDAって……情報を漏らさない義務だけ？」
　営業部長になって2年が経ち、部下に考えさせる指導も板についてきた。
「えっと……あー、『本目的』以外に使用しない義務なんかもありますね」
「そうだよね。ということは、その『本目的』を広く、田中さんの言うように包括的な書き方にしちゃうと、出した情報が使える範囲も広くなるね。それでいいかな？」
「あ、よくないですね。当社としては、あるテーマに関して開示したつもりでも、先方は違うテーマに応用できちゃいますね。こちらが想定していない使われ方でも、何も言えなくなる可能性があるか……」
「そう、そういうこと。まぁ、出すものによっては、ある程度包括的な書き方ができることもあるかもしれないけど、基本的にはテーマごとに作る必要があるね。それに、手間っていったって、毎週新しいテーマが出てくるわけじゃないだろ？　せいぜい年に数回じゃないか？　だとすると、手間という程のものでもないだろう」
「確かにそうですね。分かりました、ありがとうございます。じゃあ、『本目的』のところは、今回のテーマに限定する方向で先方と話してみます」

(ウ)　NDAがあれば安心？
　ドナルド社とのNDAは無事にできあがり、田中は次の打ち合わせの準備をしていた。
「太田さん、ドナルド社の件、これをそのままドナルド社に渡そうかと思うんですけど、いいですよね？　NDAがありますし」
　見ると、社内限りの『秘』に当たる技術資料である。
「これをそのまま？　いやいやいやいや、ダメでしょ。全部出しちゃった

ら、ウチの製品と同じ物作れちゃうよ？　いや、確かにNDAで目的外使用も禁止してるから、そのまま作ったら契約違反だよ。だけど、実際にやられたら、ウチが違反の事実を立証しなきゃいけないんだよ。しかも、内製化ならまだしも、万一、先方から情報が漏れたら終わりだよ。イマドキ、情報は一瞬で世界中に広がるんだから。開示する情報は、必要最小限にするのが鉄則だよ！」

　今度は、太田の勢いに押される田中。

「太田さん、さすがですね」

　と、黒木。太田の声がいつもより大きかったので、少し離れたデスクにいる黒木にも聞こえていたのだ。そして、やはり太田の声が聞こえていた大輔も、話に加わってきた。

「どこまで出す必要があるのかは、営業だけで判断するのは難しいでしょうから、技術部に聞いて下さいね。太田さんの言うとおり、情報は開示してしまったら、もうこちらではコントロールできませんからね」

「なるほど……分かりました。気をつけます！」

　田中が素直に聞いていることもあり、少し語気が強くなってしまったかな、と思った太田は、若干のフォローを入れた。

「でも、先に聞いてくれてよかったよ。聞いてくれれば、対処できるからね。自分だけで安易に判断されちゃうと、後からフォローができないこともあるからねぇ。今後もそんな感じで、お願いするよ」

> **ONE POINT　開示する情報の厳選**
>
> 　太田が言うように、現代では、情報はインターネットを通じて、一瞬で世界中に広まります。「NDAがあるから大丈夫」ではなく、「漏れたら終わり」ということをしっかりと認識することが大切です（62頁 **NOTE 11** 参照）。

2　打ち上げ

　その日の夜、ヤスシとプロジェクトメンバー、浜田、太田、浅倉弁理士、

第 1 講　ゼロからの情報管理──体制構築までのプロセス

矢島弁護士と秘書は、高尾山のビアガーデンにいた。プロジェクトが始まって、体制作りや明智の件の対応に追われていたメンバー達は、ここのところ残業続きだったが、この日はきちっと定時で上がって、プロジェクトの打ち上げのために集まった。
　幹事の黒木がヤスシを見る。
「では社長、乾杯を」
「おう。皆のおかげで、わが社にも、きちんと情報を守る仕組みができた。特に古池さん、無茶振りによく応えてくれたね！」
　古池が笑顔で応える。
「明智の件では何もできず、一時はもうおしまいかと思ったよ。タイミングよく東京重工業さんの地熱発電の話が舞い込んできたおかげで、何とか生き延びられて本当にラッキーだった。今後は、皆で作った素晴らしい仕組みがあるから、未然に防げるようになるだろう。とはいえ、皆も分かっていると思うけど、これから、まだいろいろとやらなければならないことがある（61 頁 **NOTE** 9 参照）。
　とはいえ、とはいえ、だ。ま、とりあえず一段落ということで、今日は飲もう！　乾杯！」
「乾杯！」
　いつもは頑固で、あまり笑顔を見せないヤスシも、お酒が入ると赤い顔でよく笑う。口調からも、頑固さは消えるようだ。
「しかしまぁ、みんな良く頑張ったよねぇ。経産省の難しい資料読んだりさぁ、弁護士とか弁理士とかに相談したり。大変だったでしょ？」
　ヤスシが古池を見る。
「通常の業務と並行してやりましたから、確かに忙しかったですね。でも、これまで勉強したことがなかったので、新鮮で、楽しかったですよ。経産省の資料なんかも、最初は読むのが大変でしたけど、すぐに慣れました。弁護士や弁理士の先生方も、こちらが分からなければ丁寧に教えてくれたので、相談しやすかったです」
「おぉ〜。そうかそうか。いいねぇ。我ながら的確な人選だったな。そうそう。このプロジェクトに、社長賞をあげようと思ってたんだ。特別ボー

ナス!」
「おーっ!」
　皆が声を揃えた。
「やったね、古池さん!」
　黒木が、最近始めたフラダンスで喜びを表すと、ヤスシも続けた。
「てことで古池さん、これからもよろしく頼むよ!」
「はい!」
「だけどあれだよなぁ。ちょうどプロジェクトが動き出してすぐ、明智の件だったもんなぁ……。もう少し早く動き出していれば、あれも防げたかも。まぁ、今更だけどな」
　少し悔しそうな顔をしているヤスシを、黒木が励ます。
「確かにそうですね……でもこれからは防げますよ!」
「そうだな。済んだことを考えてもしょうがないよな。ルールもできたし、黒木さんや古池さんが考えてくれた、ITの面のセキュリティも進めていくしな」
「せやけど、ルールがちょい厳しくて、手間がかかることもちょこちょこあると思うねん。運用してみて、緩めることも考えていかへんか。お金もかかることやし」
　コストのことで常に頭がいっぱいの浜田が言うと、黒木は、お酒を飲んでいないかのような、普段とまったく変わらない口調で、冷静にコメントした。
「確かに、手間もコストですからね。でもまぁ、とりあえずしばらくはやってみましょうよ。回らないからといって、緩めていいとは限らないですからね。緩めるんじゃなくて、基本的には、それで回す方法を考える方が適切じゃないですかね」
「黒木事務局長、いいこと言うねぇ!」
　松本も、仕事中にはなかなか見られない、いい笑顔をしている。

「あ、花火!」
　古池が言うと、コイズミスクリューの面々も、近くのテーブルにいた人

達も、一斉に古池が指さした方を見た。

プロジェクトメンバーの労をねぎらうかのように、色とりどりの花が、真夏の夜空に美しく咲いていた。

NOTE

⑨ PDCA

規程などのルールを作り、仕組み、体制を整備したらもう安心……ではありません。体制の整備は、いわゆる PDCA（計画、実行、評価、改善）サイクルでいえば、まだ P の段階に過ぎず、これから DCA を回していく必要があります。

一般的には、それぞれ、以下のようなことが当てはまります。

D―ハード面（キャビネットや IT 関係）の整備、ルールに従った管理・契約書等の活用

C―「その仕組みでよいのか」の確認（穴はないか、負担ばかり大きくないか〈秘密情報の範囲やレベルと実際の運用とのバランス〉など）

A―必要に応じて変更を加える

これからは、定期あるいは不定期に、きちんと運用されているかをチェックすることになります（この「ルールどおり運用されているか」の確認は、PDCA の C ではなく、D です）。

⑩ 秘密情報の決定

営業部門は、直接顧客と接するので、「できるだけ平和に進めたい」、「秘密を守れなんて言いにくい」と考えがちで、そのため、「当社の情報なんて、大したことないよな（＝秘密保持義務を負わせる必要はないよな）」と、自分に都合の良い考え方をしてしまうこともあるようです。

しかし、技術部門の視点で（客観的に）見れば「大した」情報であったり、何の縛りもなく顧客に開示してしまえば特許化されたり、そうでなくても内製化されたり、他社に漏らされたりして、自社の強みが失われてしまうこともありえます。

そこで、具体的な情報が秘密情報に該当するか否か（およびその分類・レベル指定など）については、特定の部門だけで重要性を判断するのではなく、必要に応じて複数の部門の視点で検討した方がよいでしょう（「秘密情報の

保護ハンドブック」11 頁以下参照)。

11 開示する情報

　本文で触れたように、情報は漏れたら終わりです(本文 58 頁)。

　また、漏れなくても、目的外に使用されることはあり得ます。NDA に反して目的外使用がなされた場合、契約上は差止めや損害賠償の請求をすることができるようになっていても、実際に争って解決するとなると、結構な時間とお金、エネルギーが必要です。

　したがって、紛争になること自体、できるだけ避ける必要があります。開示する情報は厳選し、NDA があっても、安易に秘密情報を開示・提供することのないようにしましょう。情報の選定にあたっては、上司や他部門を巻き込むと、適切な範囲を設定しやすくなります(「秘密情報の保護ハンドブック」66 頁参照)。

　最後に、相談窓口等の情報をまとめておきます(いずれも、2018 年 2 月末日現在の情報です)。

- INPIT(独立行政法人工業所有権情報・研修館)
  「営業秘密・知財戦略相談窓口　～営業秘密 110 番～」
  http://www.inpit.go.jp/katsuyo/tradesecret/madoguchi.html
- 知財総合支援窓口(知財ポータル)
  http://chizai-portal.jp/index.html
- IPA(独立行政法人情報処理推進機構)
  「中小企業における組織的な情報セキュリティ対策ガイドラインチェック項目」
  http://www.ipa.go.jp/security/keihatsu/shiori/management/02_checklist.pdf

ADVANCE①
技術情報の守りと活用
──浅倉弁理士のアドバイス

　コイズミスクリューの相談に乗らせていただいた浅倉です。技術情報を守ることは大切、活用していくことも大切です。そんな素朴な問題意識から、本書読者の皆さんにお伝えしたいことがあります。

1　企業内にはどんな情報があるのでしょうか？

　大きく分けて技術情報と営業情報ということになります。技術情報においても製品に関する情報という市場へ出ていく可能性のある情報と製造技術情報といったような社内用の情報があります。営業情報は広く捉えてみると、会社の意思決定に関する情報、会計情報、仕入れ先情報、マーケット情報を含む顧客情報、コスト情報、人事情報などが考えられます。
　以下では技術情報の守りと活用について述べていきます。

2　技術情報を守るためには？

　技術情報を守る、つまり第三者に勝手に利用させないためにはどうすればよいかということについては、近代以前の特許制度の成立以前には、秘密状態にする、秘匿化するという「事実状態において守る」以外にはありませんでした。つまり秘伝、一子相伝の世界です。現在では事実状態で守ることに加え、「法的に守る」ことができるようになっています。

3　技術情報を法的に守るための手段にはどのようなものがあるでしょうか？

　発明的な技術情報については、特許、営業秘密、契約上の秘密保持対象のノウハウ、特許侵害に対抗するための先使用権といった手段が考えられます。特許は、技術情報の公開を前提にして得られる物権類似の対世的効力をもつ権利です。営業秘密は不正競争防止法によって、契約上の秘密保

持対象のノウハウは、民法414条・415条等によって、それぞれ法的保護を受け得る知的財産です。先使用権は、特許法79条の要件を満たした技術情報に対する抗弁権です。

発明的でない技術情報（例：単なる技術試験データ、単なる設計図面）について、法的保護を受けるためには、営業秘密として管理することや、秘密保持対象のノウハウとして当事者と契約を締結することなどが必要です。

4 どのような技術が発明と言えますか？

特許法2条1項には、発明とは「自然法則を利用した技術的思想の創作のうち高度のもの」という定義があります。発明該当性については特許庁より発表されています特許実用新案審査基準に詳細に記されています。なお発明であったとしても、特許法の目的（産業の発達への寄与）にそぐわない発明については、特許は付与されないとされています（特許法29条第1項柱書）。

5 発明的な情報について特許出願するかしないかはどのような観点から検討すべきでしょうか？

各社・各業界の事情により異なると考えられますが、たとえば、以下のような点を考慮し、総合的に判断することになるでしょう。

(1) 特許侵害の検証の困難性

特許化した場合には技術が公開されるので、第三者による侵害の可能性が生じます。侵害されたことの検証が難しい技術、たとえば工場内だけで行われる生産技術などは秘密化を検討する必要があります。ただし、万が一に同様な技術が第三者に特許化されるという事態への対処として先使用の立証の確保も検討する必要があります。

(2) 開発投資の大きいもの

基本は特許化であり資金回収に対する担保の確保という色彩が強いと考えられます。特に市場でのリバースエンジニアリングの可能なものほど特許化が主となると考えられます。ただし、リバースエンジニアリングの困難な技術については秘密化という選択肢もあります。

(3) 競合の実施可能性

(2)と重複する面もありますが、競合参入阻止のために特許化を検討する必要があります。

(4) 秘密保持可能性

ライセンスする可能性のある技術は特許化を検討する必要があります。オプション契約下での開示であっても、他社に開示する可能性のある技術は特許化を検討すべきであると考えられます。

(参考：① 2016 年 2 月 27 日「知的財産及び情報の保護に関する国際的傾向」早稲田大学知的財産法制研究所講演会　長澤健一氏講演「国際企業の営業秘密保護」
　　　② 「戦力的な知的財産管理に向けて——技術経営力を高めるために〈知的戦略事例集〉」http://www.jpo.go.jp/torikumi/hiroba/pdf/chiteki_keieiryoku/01.pdf（2007 年 4 月）

6　オープン・クローズ戦略とはどのようなものですか？

知財マネジメントの基本的な考え方であり、技術の公開、秘匿、権利化を使い分ける戦略ともいえます。どの部分の技術を秘匿または特許などによる独占的な実施（クローズ化）し、どの部分の技術を他社に公開またはライセンス（オープン化）するかを、事業戦略的に検討・選択することであると言われています。特許により公開した技術であっても、その実施にあたり自社のみとする場合はクローズ、他社に無償または有償でライセンスする場合などはオープンといいます。

7　技術ポートフォリオとは？　（共存と競争）

オープン・クローズ戦略の作成にあたり、自社技術の評価を行う必要があります。自社技術の技術マップを作成し、さらに競合他社等の特許情報等にもとづく他社技術マップも作成し、自社の弱み・強みを確認した上で、戦略作成の基礎資料として技術ポートフォリオを作成していく必要があると考えられます。そして、「この技術部分は標準規格等へ参加等する共存技術」、「この部分は自社の差別化に活かす競争技術」といったメリハリを検討していく必要があります。

浅倉弁理士の「最後にお忘れなく」

1　情報は生もの——木を見て森を見ないことのないように

　絶対に秘密として守らねばならない情報は何なのかをとことん考えた上で、過剰な秘密指定やアクセス制限をしないという覚悟も必要ではないかと思います。

　情報も組織も絶えず流動し変化しています。つまり情報も組織も「生もの」です。

　情報管理体制を開始した当初の情報のランク付けが未来永劫妥当するかというと、そうではないと思われます。たとえば新製品情報についても対外発表前は高度な秘密扱いが必要ですが、発表後は秘密情報ではなくなります。紙書類のキャビネットにも、もうすでに陳腐化し、どうでもよいような書類が山積みになっていることは多々あります。

　また、たとえばアクセス権についても、人事異動や組織改編があった場合に適切に対処しておかないと必要な部署や社員に情報が届かないことにもなりかねません。

　このように、情報管理を行っていくためには、情報の評価においても、また、情報の流通においても常に見直しが必要になっていきます。情報漏えい・不正流出対策はしたが、情報の流通・活用やストックに問題が出てくるようでは何をやっているのか分かりません。また、各部門任せの情報管理の例もよく見かけられますが、これは管理担当部門が各部門へ責任を丸投げにしたに等しいものです。

　情報漏えい・不正流出対策と情報流通・活用は、情報管理における２大視点であると考えられます。また、コスト面からもあまりに情報管理にコストをかけ過ぎ、肝心な製品開発投資や市場開発投資が不十分になっては意味がありません。

　これらのバランスをどうとるのか？　本当に難しいところです。

第1講　ゼロからの情報管理——体制構築までのプロセス

2　モラルからルールへ

1で情報管理の行き過ぎに注意しましょうと述べました。しかし、情報管理（漏えい対策・不正流出対策）をまったくしないことも、今日のように人・情報の移動が激しくなり、広がってきた世の中では、お奨めできません。秘密保持契約がなくとも信頼関係で情報漏えいを防げた経済社会はそろそろ終焉を迎えます。信頼関係があるからこそ、保険的な意味でも秘密保持契約が必要だという認識が必要ではないでしょうか？

情報管理をどこまでやるのか？　リスク・コスト・活用の観点から各社に合うようカスタマイズ化したものを構築することこそ必要ではないでしょうか？　どこに落としどころを置くか、皆で悩みましょう。「モラル」から「ルール」の社会になってきたことだけは確実です。

3　情報保護についての各国制度の違い

本書は、日本において適用される秘密情報管理についての記載が中心です。しかし、情報保護のあり方は大枠としてTRIPS協定（知的所有権の貿易関連の側面に関する協定）において定められているものの、まったく日本と同じかといえばそうではありません。

「営業秘密」についても、不正競争防止法などで制定法として定めている国とコモンローにより判例法として成立している国があります。

特許・実用新案における技術保護も、完全には一致していません。特に実用新案制度のある国・ない国があり、さらに実用新案制度のある国においても対象が物品性に限られた国とそうではない国があります。

日本におけることが世界でも同じと考えずに、各国の実情を知った上での管理が必要ではないでしょうか。

■秘密保持契約書の例

秘 密 保 持 契 約 書

株式会社〇〇〇（以下「〇〇」という。）とコイズミスクリュー株式会社（以下「コイズミ」という。）とは、以下の開示目的のために相互に開示する情報等の取扱いについて、以下のとおり契約を締結する。

> （コメント）
> 　契約書のタイトルは当事者間の権利義務に影響しないため、どんなものでも大丈夫です。ただ、あまり契約の内容と関係のないタイトルだと混乱するので、シンプルに分かりやすいものがよいでしょう。

　　　【開示目的】
　　　　……（以下「本検討」という。）

> （コメント）
> 　目的外使用の禁止の「目的」なので、慎重に検討しましょう（本文 56 頁以下参照）。

第1条（秘密情報）
(1) この契約において「秘密情報」とは、次の各号のいずれかに該当するものをいう（以下、第1号の情報を開示する側の当事者を「開示者」、受領する側の当事者を「受領者」という。）。
　① 第9条（有効期間）に定める有効期間中に各当事者が他の当事者から第2項の方法に従った開示を受けた、本検討のための情報及びサンプル
　② 本検討の結果及び成果
(2) 各当事者は、秘密として管理すべき技術上又は営業上の情報を開示するときは、次の各号の方法を用いる。
　① 文書又は図面等の書面により開示するときは、その書面上に秘密である旨を明示する。
　② サンプルを交付することにより開示するときは、サンプルの容器・包装等に秘密である旨を明示する。

③　電磁的記録により開示（電子メールによる開示その他のネットワーク経由の開示も含む。以下同じ。）するときは、その情報を画面に表示した際及び紙媒体に印刷した際に、秘密である旨の表示が明示されるようにする。
　　④　口頭、実演・スライド等の視覚的手段その他前各号以外の手段により開示するとき、又は前各号の方法に従った開示が不可能又は困難なときは、開示の際に秘密である旨を受領者に通知し、かつ、開示後30日以内に、その情報を特定するに足りる情報を書面（記録媒体を問わず電磁的記録を含む。以下同じ。）に取りまとめ、第1号又は第3号に従い秘密である旨を明示した上で、受領者に交付する（電磁的記録の場合は、電子メール等のネットワーク経由によるものを含む。以下同じ。）。
　(3)　前二項の規定にかかわらず、開示を受け又は取得した情報が次の各号のいずれかに該当することを受領者が立証し得る場合、その情報は秘密情報に含まない。
　　①　開示を受け又は取得する前に、既に第三者に対する秘密保持義務を負わずに受領者が保有していたもの。
　　②　開示を受け又は取得する前に、既に公知又は公用となっていたもの。
　　③　開示を受け又は取得した後に、受領者の責めによらずに公知又は公用となったもの。
　　④　正当な権限を有する第三者から、秘密保持義務を負うことなく適法に入手したもの。
　　⑤　開示を受けた情報及び取得した情報によらず、受領者が独自に開発・取得したもの。

（コメント）
　1項
　秘密情報の定義も重要です。開示する側としては広くしたいところですが、秘密管理性の問題（14頁 **NOTE 1** 頁参照）もあるので、範囲は明確にすべきです。
　2項
　かなり細かく分けて定めていますが、ポイントは「対象を明確にする」ことなので、想定される開示方法がカバーされていれば大丈夫です。たとえば、以下のように短くする方法もあります。
　「書面等の有形の方法で開示するときは秘密である旨を表示し、口頭その他無形方法で開示するときは、秘密である旨を通知した上で、開示後30日

以内に書面で特定する。」

　なお、2項の「30日」は、書面を作成して交付するのに必要な時間で、たとえば技術情報を詳細に記載する必要があるような場合には長くなりますが、すぐに書面にできるようなケースしか想定されない場合は短く、14日程度にすることもあります。

　3項

　各号に該当すると、秘密情報から「除外」されます。つまり、各号に該当すると、以後一切この契約の射程外になってしまうため、以下のような類型は、ここに並べるのは適切ではありません。これらは、個別の情報、個別のケースについて秘密保持義務を免れるだけなので、秘密情報該当性は維持すべきです（このひな形では、2条で手当てしています）。

・開示について開示者の同意を得た場合
・裁判所等から法令に基づき開示を要請された場合

第2条（秘密保持）

(1) 受領者は、秘密情報を秘密として管理し、秘密情報及び本検討の内容（本検討の目的及び本検討を行っているという事実を含む。以下同じ。）を第三者に開示又は漏洩してはならず、本検討以外の目的に使用してはならない。

(2) 前項の規定にかかわらず、受領者は、本検討に携わりかつ秘密情報又は本検討の内容を知る必要のある、自己の役員及び従業員にのみ、第1条（秘密情報）第2項各号に準じた措置を施した上で、その秘密情報を開示することができる。開示者の事前の書面による承諾を得て第三者に秘密情報又は本検討の内容を開示する場合も同様とする。

(3) 受領者は、前項に従い受領者から秘密情報の開示を受ける者に対して、自己がこの契約で負担するのと同等の義務（前項の条件を含む。）を遵守させ、その一切の責任を負う。

(4) 前三項の規定にかかわらず、受領者は、裁判所その他の官公署から法令に基づき秘密情報の開示を要請された場合には、その旨を事前に開示者に通知し、対応を協議した上で、必要最小限の範囲で開示することができる。ただし、刑事事件等のために事前に通知することが不可能な場合は、開示後遅滞なくその要請があった旨及び開示内容を開示者に通知すれば足りる。

(5) 受領者は、前項の規定に基づき開示する秘密情報につき、秘密情報としての取扱いが受けられるよう最善を尽くさなければならない。

（コメント）
　1項
　開示・漏洩の禁止と目的外使用の禁止を定めており、この契約のまさに中心の条項ですので、必須です。
　2項
　「知る必要のある」という要件で、開示先を絞っています。受領者が法人その他の団体の場合は必須です。
　3項
　規定がないと、受領者からの開示先が情報漏洩等をした場合も、受領者は、受領者自身の違反ではないという主張ができてしまいます。ちなみに、細かい話ですが、「義務を課す」だけでなく、「守らせる」必要があります。前者では、「義務を課す」だけで債務を履行していると言いうるからです。
　4項、5項
　法令に基づく場合に開示が許されるのは当然ですが、その場合も、安易に言われるがままに開示するのではなく、できれば事前協議もして、できるだけ開示する情報を絞りましょう、という趣旨です。

第3条（複製）
(1) 受領者は、本検討に必要な範囲を超えて、秘密情報の全部又は一部を複製してはならない。
(2) 受領者は、秘密情報の複製物を、この契約における秘密情報として取り扱わなければならない。

（コメント）
　複製については、漏洩のリスクは高まるものの、開示先が増えるわけではありません。他方、実務上複製が必要な場合は多いと思われますので、必要な範囲は複製可としておいてよいでしょう。

第4条（分析の禁止）
　受領者は、開示者から受領したサンプルの化学的組成又は構造等の分析をしてはならず、かつ第三者にかかる分析をさせることができない。ただし、本検討に必要であり、開示者から事前の書面による承諾を得た場合は、この限りではない。

（コメント）

　分析を前提としている場合は別ですが（といってもただし書きでカバーされます）、通常、メーカーが製品サンプルを出す場合は必須です。ちなみに、ソフトウェアの場合はリバースエンジニアリングなどの解析を禁止します。

第５条（権利等の不発生）
(1)　この契約に基づく秘密情報の開示によって、各当事者間において、いかなる意味においても、秘密情報の所有権の移転や秘密情報に係る著作権、特許権等の知的財産権の譲渡、実施許諾又は使用許諾等の効果が生じるものではない。
(2)　この契約は、各当事者に開示義務や別の契約締結の義務を課すものではない。
(3)　各当事者は、第三者との間で、本検討と同一又は類似のテーマでの研究開発及びその検討を行うことを、この契約に反しない限りにおいては、何ら制限されない。

（コメント）

　５条は、規定しなくても、当然ともいえる規定（確認規定）ではあるのですが、情報によっては誤解が生じることもありうるので、無用な争いを防ぐため、規定しておきましょう。

第６条（秘密情報の返還等）
　受領者は、この契約が終了したとき又は開示者から請求があったときは、開示者の指示に従い、秘密情報を遅滞なく開示者に返還し、又は破棄しなければならない。

（コメント）

　返還等についての規定がない場合は、当然には義務は生じないため、規定しておく必要があります。

第７条（発明等の取扱い）
　受領者は、秘密情報に基づき発明、考案、意匠の創作等の技術的成果を生じ

た場合、開示者の事前の承諾なく特許出願等を行ってはならない。この場合、受領者は直ちに開示者に対して通知し、受領者及び開示者はその技術的成果の帰属、取扱い等について協議する。

> （コメント）
> 　秘密情報に基づく発明等の成果が生じた場合、受領者が勝手に権利化すると、開示者がそれ以降自ら秘密情報を使用できなくなるおそれがあります。またその場合、開示者もその発明等に貢献していると考えられることが多いため、受領者が独り占めしないように、という意味もあります。
> 　ここでは、特許出願等を行う場合（権利化を考える場合）にだけ通知すればよいという規定にしていますが、権利化しなくても利益につながるような成果が想定される場合は、すべて通知すると規定することも考えられます。
> 　なお、このNDAは、「検討段階」、すなわち「何ができるか、どこまでできそうかを模索する段階」で作成されることを想定しており、具体的な成果の想定もしにくいため、「協議」としています。話が共同開発などの段階に進んだ場合は、成果もある程度具体的に想定されるようになるため、この条項よりも踏み込んで、「Aに関する権利は○○、Bに関する権利はコイズミ」のように決めていくことになります。

第8条（差止め等）
(1) 受領者は、この契約に定める秘密保持義務に違反して秘密情報を漏洩した場合には、開示者に直ちに通知し、秘密情報の回収等の適切な処置を講じるとともに、秘密情報の漏洩を最小限に留めるよう最善を尽くさなければならない。
(2) 受領者が第2条（秘密保持）第1項に違反して秘密情報を本検討以外の目的で使用している場合、受領者は、開示者によりなされた差止め請求（裁判上か裁判外かを問わない。）に直ちに従う。

> （コメント）
> 　2項の差止めも、実は規定しなくても法律上認められると考えられていますが、無用な争いを防ぐためには規定した方がよいでしょう。

第9条（有効期間）
(1) この契約の有効期間は、2018年〇月〇日から20〇〇年〇月〇日までとする。ただし、当事者間で協議の上書面で合意することにより、この期間は変更することができる。
(2) 前項の規定にかかわらず、第2条（秘密保持）、第7条（発明等の取扱い）及び第8条（差止め等）の規定は、この契約の終了後もなお5年間、第6条（秘密情報の返還等）の規定は、同条に従った返還又は破棄が完了するまで、それぞれ有効に存続する。

（コメント）
1項
この契約が「検討段階」であることを考慮して、自動更新を避けています。受領した情報について、義務を負い続けることを避けるという目的もあります。締結したことで安心し、自動更新を繰り返して契約が続いていることを忘れてしまい、不必要に長く秘密保持義務を抱え込んでしまわないようにすることが大事です。なお、ただし書きは当然のことを言っているだけですが、書いておかないと相手方が不安に思うので、書いておきましょう。
2項
2条等の存続期間を契約終了後5年間としていますが、この期間は、開示対象の情報によって異なります。つまり、この期間が経過すると、受領者はこの契約上の義務をほぼすべて免れることになるため、その時点で、秘密情報が陳腐化している必要がある、言い換えると、陳腐化するまでの期間として想定される期間はカバーされる必要があるということです。

第11条（協議）
この契約に定めのない事項又はこの契約の条項に関する疑義については、当事者間で協議の上、解決する。

以　上

（コメント）
実は、法的には意味のない規定と言われることも多いのですが、規定がないと、相手方が不安に思って追記を要請してくるため、はじめから規定しておいた方が効率がよいといえます。

契約締結の証として本書2通を作成し、各当事者記名押印の上、各1通を保有する。

20　年　　月　　日
　　（〇〇）　　　　　　　　　　　　　　（コイズミ）
　　　　　　　　　　　　　　　　　　　　東京都八王子市〇〇
　　　　　　　　　　　　　　　　　　　　コイズミスクリュー株式会社

　　　　　　　　　　　　　　　　　　　　代表取締役　　小泉　ヤスシ

（押印日：20　年　　月　　日）　　　（押印日：20　年　　月　　日）

> （コメント）
> 　効力を遡らせる場合は（本来は事前に書面化するべきですが）、このように、実際に書面ができあがった日が分かるようにしましょう。

■入社時の誓約書の例

誓　約　書（入社時）

年　　月　　日

株式会社＿＿＿＿＿＿＿＿＿＿

代表取締役社長＿＿＿＿＿＿＿＿殿

現住所＿＿＿＿＿＿＿＿＿＿＿＿＿＿＿＿＿＿

氏名＿＿＿＿＿＿＿＿＿＿＿＿＿㊞

生年月日　　　　年　　　月　　　日生

　この度，私は貴社からの労働条件の明示を受け，　年　　月　　日から社員として貴社に雇用されることになりました。
　つきましては，次の事項を遵守し，専心勤務することを誓約いたします。

記

1. 貴社の就業規則及び秘密保持に関連する規程その他の諸規定はもちろん，上長の指示命令を守り，規律及び秘密情報保持の厳守に努め，誠実勤勉に勤務するとともに，もしこれに違反した場合には，就業規則所定の懲戒を受けても異議がないこと。
2. 担当職務及び勤務地については貴社の指示に従い勤務すること。
3. 従業員として協力し一致業績の向上に努めるとともに，貴社の体面を汚すような行為をしないこと。
4. 貴社が正式に公表した以外の情報及び私が知り得た社内情報を，公知になったものを除き，貴社の事前の書面による許可なく，社外へ持ち出し，開示・漏洩し，又は業務上の目的以外に使用しないこと，並びに退職後も開示若しくは使用しないこと。
5. 在職中に業務に関連して創り出した情報は会社に帰属すること及び入社前に創り出し業務上会社に開示した情報を会社が制限なく利用できることを確認し，異議を述べないこと。
6. 第三者が所有するあらゆる秘密情報，秘密資料及び特許，ソフトウェア，著作物等の知的財産権を当該第三者の事前の書面による承諾なくしてそれらを貴社に使用させたり，若しくは貴社が使用するように仕向けたり，又は貴社が使用しているとみなされるような行為を貴社にとらせたりしないこと。
7. 貴社に入社する前に第三者に対して守秘義務を負っている場合は，必要な都度その旨を上長に報告し，当該守秘義務を守ること。

以　上

第1講 ゼロからの情報管理——体制構築までのプロセス

■退職時の誓約書の例

誓　約　書（退職時）

年　　月　　日

株式会社＿＿＿＿＿＿＿＿＿＿＿＿＿

代表取締役社長＿＿＿＿＿＿＿＿殿

現住所＿＿＿＿＿＿＿＿＿＿＿＿＿＿＿＿＿＿＿

氏名＿＿＿＿＿＿＿＿＿＿＿＿＿＿　印

生年月日　　　年　　　月　　　日生

　私は，今般，貴社を退職するにあたり，以下のことを誓約いたします。

記

1．退職後，下記の貴社の営業秘密を，公知になったものを除き，第三者に開示，漏洩しないとともに，自己のため，又は貴社と競業する事業者，その他第三者のために使用しないことを誓約いたします。
2．下記の貴社の営業秘密に関連して入手した書類，電子記録媒体，サンプル等すべての資料は退職時までに貴社に返還し，これまで貴社の許可なくこれらの資料を社外に搬出していないこと，又は他に交付等していないことを併せて誓約いたします。
3．在職中に業務に関連して第三者に対し守秘義務を負って第三者の情報を知った場合は，その守秘義務を退職後も遵守します。
4．貴社の営業秘密を保持するため，貴社を退職後2年間，当該営業秘密に関して貴社と競合する事業者又はその提携相手に就職又はその役員に就任すること，及び貴社と競合する事自ら設立することをいたしません。
5．この誓約書に違反して貴社に損害を及ぼした場合には，貴社の被った損害を賠償いたします。

（営業秘密の内容を具体的に記載する。）

業を＿＿＿＿＿

＿＿＿＿＿＿＿＿＿＿＿＿＿＿＿＿＿＿＿＿＿＿＿＿＿＿＿＿＿＿＿＿＿
＿＿＿＿＿＿＿＿＿＿＿＿＿＿＿＿＿＿＿＿＿＿＿＿＿＿＿＿＿＿＿＿＿
＿＿＿＿＿＿＿＿＿＿＿＿＿＿＿＿＿＿＿＿＿＿＿＿＿＿＿＿＿＿＿＿＿
＿＿＿＿＿＿＿＿＿＿＿＿＿＿＿＿＿＿＿＿＿＿＿＿＿＿＿＿＿＿＿＿＿

以　上

（注）　営業秘密の内容記載欄には，営業秘密をできるだけ具体的に記載することが，法的保護を受ける上で望ましい。

第2講 非製造業・中小企業における情報管理体制の構築

---── 本講のねらい ────

　本講では、第1講の理解をさらに深めるために、非製造業・中小企業における、秘密情報の管理体制の構築のプロセスを、ストーリー仕立てでまとめている。顧客や取引先の情報の取扱いが多い「非製造業」における秘密情報の管理体制の構築について、第1講の「製造業」と比較しながら、その特色について紹介する。

──── 設　定 ────

　舞台は、東京都・江東区に所在するシステム開発会社、「法友システムズ」。ある日、法友システムズは、秘密情報を漏えいしたとして提訴される。この事件を契機に、法友システムズの情報管理体制の構築プロジェクトが始動した。

──── 主な登場人物 ────

○横山──47歳　男性／法友システムズ　社長
　体育会系。前職では安江と共に、技術者として数多くの大型案件に携わり、スキルに定評がある。
○石田──33歳　男性／法友システムズ　情報システム部課長
　真田をリードして法友システムズの情報管理体制を構築する旗振り役。真田・石田ペアで「真田石」というニックネームで呼ばれる。
○真田──25歳　女性／法友システムズ　総務部
　おっとりとした性格で、人懐っこい。石田と一緒に法友システムズの情報管理体制の構築を担当することになる。
○安江──46歳　男性／明月システム　社長

堅実で人間味のある穏健派。前職では、横山と共に技術者として苦楽をともにした。横山から2年遅れて独立し有明システムを起業。

○二階堂——35歳　女性／明月システム　総務部課長
　一柳の同期で同い年。姉御肌。淡々と仕事をこなし芯が強く揺るがない。周囲からの信頼が厚いので、安江から情報管理体制の再構築を任される。

○一柳——35歳　男性／明月システム　開発部
　関の1年後輩。法友システムズに派遣され、同社に常駐してX社向けの開発プロジェクトを任されている。優秀であるが、上昇志向が強く、一方的に関をライバル視している。一方で情に厚く頼られると弱い。

○関——36歳　男性／明月システム　開発部
　法友システムズに派遣され、同社に常駐して霧島電機向けの開発プロジェクトを任されている。出世には興味がなく仕事一筋。優秀で安江の信頼が厚い。

○折木——35歳　男性／ムラオエレクトロニクス　商品企画部
　一柳の大学時代のゼミの友人

■関係図

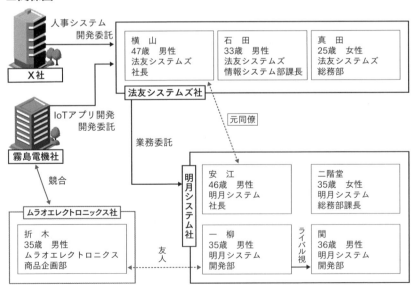

CHAPTER1

▶ プロローグ

1　茅場町のバーにて

　とある秋の晩、法友システムズ社長の横山と明月システム社長の安江は、横山行きつけの茅場町のバーで飲んでいた。

　法友システムズは、大手システム開発会社ウルトラ・データから独立した横山が15年前に立ち上げた会社である。横山は、前職時代に磨いたスキルを武器に、着実に売上げを伸ばしてきた。社員も設立当初は数名であったが、今では年商約10億円、社員は50人ほどを抱える規模に成長している。横山は、スキルに定評があるものの、売上至上主義でセキュリティには無頓着なところが玉に瑕であった。

　一方の安江は、前職のウルトラ・データ社時代の横山の同期で、二人はよきライバルであり、苦楽を共にした親友でもあり、互いに切磋琢磨してスキルを磨いてきた。横山の独立に触発され、法友システムズの立上げ2年後に明月システムを立ち上げた。

　安江は、前職時代、横山の独立後に発生した情報漏えい事故を経験しているためか、横山と異なり、明月システム社内のセキュリティ体制にも費用をかけ情報セキュリティマネジメントシステム（Information Security Management System；ISMS）の認証を取得するなど、細心の注意を払っている。

　得意とする分野は異なるものの、法友システムズ、明月システムともに会社としては小規模であるため、マンパワーが足りないときや、相手方が得意とする分野についてお互いの会社が受注した案件を再委託する等、持ちつ持たれつの関係が続いている。

> ONE POINT　「ISMS適合性評価制度」とは？
>
> 　ISMS適合性評価制度とは、事業者が取り扱う情報の管理体制（情報セキュリティマネジメントシステム）が、JIS Q27001（ISO/IEC 27001）に従って適切に運用されていることを第三者機関が認証する制度のことです。日本では、一般財団法人日本情報経済社会推進協会（JIPDEC）が運用をしています。なお、ISMSは、企業単位ではなく、組織単位で認証を取得することが可能です。
> 　ISMSでは、情報セキュリティの基準として、情報の機密性、完全性、可用性を維持することが求められています。ISMSの構築に際しては、ISMSを組織のプロセスおよびマネジメント構造全体の一部とし、かつ、その中に組み込むことが重要です。
> 　この認証を取得することにより、社内の情報管理体制を強化できるとともに、対外的に情報セキュリティへの取組みをアピールすることができ、もって企業価値の向上を図ることが期待できます。

　グラスの氷をくるくる回しながら安江が言った。
「お互いバタバタしていたし、こうやって飲むのも久しぶりだな。で、どうした、折り入って相談だなんてお前らしくないな」
「いや、実は、安江に頼みたいことがあるんだ。というのも、今無理言って明月からウチに常駐してもらっている霧島電機向けのアプリ開発プロジェクトの他に、新しい案件でも常駐をお願いできないかなと思ってな」
「霧島プロジェクトっていうとウチの関のチームが法友に常駐している案件だよな。何だよ。また新規案件の受注か？　すごいな、横山。絶好調じゃないか！」
　霧島電機は、消費者向けの電気機器メーカーで、独特の視点で開発した製品を販売しており、業界トップに君臨する。近年では、2番手のムラオエレクトロニクスが急激に追い上げてきており、霧島電機にとっては脅威の存在となっている。ムラオエレクトロニクスを引き離すために、霧島電機は極秘プロジェクトとして革新的な冷蔵庫の開発を急ピッチで進めている。内蔵カメラはもちろんのこと、内蔵センサーを搭載し、食品に付いているバーコードから賞味期限等の情報を読み取ることができ、スマート

第 2 講 非製造業・中小企業における情報管理体制の構築

フォンにインストールした専用アプリを使えば、ショッピング時に冷蔵庫内の食材の有り無しや賞味期限をその場で確認できるほか、冷蔵庫内の食材を使ったレシピ、そのレシピのための足りない食材や調味料を表示できる至れり尽くせりの IoT（Internet of Things モノのインターネット）型冷蔵庫である。

　横山が奔走した甲斐もあってか、幾多のライバル会社の中から法友システムズが専用アプリの開発案件の受注を勝ち取った。開発スケジュールがタイトなこともあり、法友システムズは明月システムに常駐開発という形態で専用アプリの開発業務の一部を再委託している。ちなみに霧島電機からの受注額は約 1,000 万円、一方で明月システムへの発注額は約 300 万円である。

「おかげさまでな。でも、いかんせん法友はマンパワーが足りなくてな。申し訳ないんだが、明月からもう少し人を派遣してくれないか？」

　横山はグラスを置いて身を乗り出した。

　安江もグラスを置いて、小さな声で呟いた。

「ちなみにどんな案件なんだ？」

83

「X社の人事システム開発案件だ。いろいろと要望が多くてな。しかも、個人情報を取り扱う案件ってことで、いろいろと厳しい条件を付けられてるよ。おまけに法友は、人事システム開発はあまり経験がなくて困ってるんだよ。明月なら人事システム開発の実績があるし、霧島プロジェクトと重なってしまって悪いんだけど、何とかお願いできればと思ってな」

横山は安江に頭を下げて懇願した。

「確かに人事システム開発なら、うちの一柳のチームが経験豊富だけどな……」

新規案件の受注は、安江にとっても嬉しい。だが、安江は一抹の不安を感じた。というのも、霧島プロジェクトで法友システムズに常駐している関と一柳は、犬猿の仲である。関は一柳の先輩にあたるが、一柳は、年も近い関をライバル視している。上昇志向の強い一柳は、何かにつけ関に議論を吹っかけ、いつか関を出し抜いてやろうと思っている。関が霧島プロジェクトで法友システムズに常駐する前も、明月システム内で派手にやり合ったばかりだ。霧島プロジェクトが終わるまでは、お互いが顔を合わす機会が減るので安江は内心ほっとしていた。そんな背景もあるので安江は一瞬躊躇したものの、横山の申入れを快諾した。

2　一柳、常駐開始

数週間後、一柳をリーダーとする明月システムチーム3名が法友システムズでの常駐開発に着手した。

法友システムズでの常駐開発が初めての一柳は、まずは同社のプロジェクトリーダーから社内の開発環境等についてのレクチャーを受けた。

これまでも多数の常駐開発の経験があった一柳は、法友システムズのセキュリティの甘さを直感した。というのも開発に使用するPCは明月システムで使用しているものを持ち込んでも構わないと言われており、USBメモリ等の持込みについても特に禁止されなかった。さらに、サーバーに保管されている法友システムズの社内情報にも、誰でも自由に制限なくアクセスできた。

(何これ？　関のやっている霧島プロジェクトの情報も丸見えだ。これって霧島の新しい冷蔵庫の仕様書じゃないか？"KIRISHIMA CONFIDENTIAL"ってマーキングされてるけど俺が見ちゃっても大丈夫なのか……。セキュリティのために余計なコストはかけたくないってこと？　横山社長らしいや。その方がやりやすいから、まあいいんだけどね。)

　これまでの常駐先では、情報漏えいやウィルス対策のために、使用する機器は常駐先のものを支給されてきた。当然、USBメモリ等の持込みも厳禁であり、窮屈さを感じていた一柳は心の中でつぶやいた。

　それから数か月、X社プロジェクトは多忙を極めた。リーダーである一柳も例に漏れず、根を詰めて作業をする状態が続いたが、ようやく目処がついたある日、一柳は一緒に派遣されているメンバーの日ごろの労をねぎらうため、ささやかな飲み会を開いた。メンバーも難航していたX社プロジェクト完成の目処がついたためか、気分も晴れやかである。おまけに当日はボーナスの支給日でもあった。メンバーの一人が一柳に尋ねた。

「一柳さん。今日はボーナス支給日でしたけど、一柳さんくらいになると結構もらってるんですよね」

「え？　うん、まあ、そこそこだよ」

「今日って法友もボーナス支給日だったみたいっすね。俺、たまたま聞いちゃったんですけど、法友のボーナス平均支給額〇〇〇万円ですって。プロジェクトリーダーはその倍近くもらってるみたいですよ。一柳さんは安江社長に実力を買われてリーダーとして派遣されているんだから、もっともらってるんじゃないですか？　今日はおごって下さいよ〜」

　酔いも回ってか、軽はずみな発言が続く。だが、今の発言で一柳の酔いも一気にさめた。

　(何だと！　法友のプロジェクトリーダーより俺の方がスキルも経験も明らかに上なのに何で俺の方がボーナスが低い！)

　一日も早く昇進しなければ。一柳は心に誓った、と同時に一柳の脳裏に関の顔が浮かんだ。

　(あいつさえいなければ、俺はとっくに部長だ！)

CHAPTER2
▶ **自宅で仕事する**

1　労基法違反!?

　一柳は、Xプロジェクトが当初の予定よりも前倒しで完成できる目処がついたので、内心鼻高々で安江社長に報告するために明月システムに出社した。
　安江は、一柳が社長室のドアを閉め終わる前に大声で話し始めた。
「法友の横山社長から感謝されたよ。『さすがに明月の社員は質が高い仕事をする』ってな。私も鼻が高かったよ。よくやったな！」
「ありがとうございます。法友社内には、個人情報管理システム開発の経験のある人がほとんどいないので、全部私達にお任せって感じでした。安江社長の顔に泥を塗らないように徹夜も厭わないくらいの勢いで頑張って、何とか前倒しで完成できる目処がつきました」
　一柳は社長に褒められたので、顔を紅潮させながら言った。
「そうか。だけど、徹夜なんかされたら36協定違反で労基法違反になるから気をつけてくれよ。それより、横山社長は霧島プロジェクトについても関心が高くてな。霧島の冷蔵庫アプリの開発がうまくいけばかなり大きな利益になるらしい。うちの関チームが中心に開発しているから、『優秀な関君を法友に引き抜きたいくらいだよ』なんて、本気とも冗談ともつかないことまで言ってたよ。もちろん、私としても『関はうちの将来を背負って立つ大事な人材だから、それだけはやめてくれって』半分本気で言ったけどね」

> **ONE POINT　36 協定**
>
> 　労働基準法第 36 条には「労働者は法定労働時間（1 日 8 時間 1 週 40 時間）を超えて労働させる場合や、休日労働をさせる場合にはあらかじめ労働組合と使用者で書面による協定を締結しなければならない」と定められています。これは労働者が一人の場合でも同様です。違反すれば労働基準法違反となります。働き方改革が叫ばれて久しい現在、一柳のようなモーレツな働きぶりは自慢できなくなってきていますね。

「ところで、来てくれてちょうどよかった。君にもう一つ頼みたいことがあるんだ」

　一柳は、自分が頑張ったことを社長にアピールしたつもりのはずが労基法違反にならないように釘を刺されたばかりか、安江が一柳よりもライバルの関の方を高く評価しているらしいことを感じ取り、複雑な思いを抱きながら安江の次の言葉を待った。

2　自宅に持ち帰り

　一柳は、X プロジェクトの最終動作確認を行うために法友システムズに戻ったが、頭の中は安江から指示された新しい仕事の事で一杯だった。そんな一柳の帰りを待ち構えていたように関がやってきた。

「一柳、安江さんから話を聞いてくれたかい？　霧島プロジェクトももう一歩のところまで来ているんだけど、ここへきて霧島から納期の前倒し要請があったらしくて、法友さんの営業がバタバタしてるんだ。結局、最後の最後は俺たちに回ってくるんだけど、クライアントは神様だからしかたないね。俺も横山社長から『君には期待しているよ』なんて言われちゃってさ、何とか期待に応えたいし、こんな状況だから俺が安江さんにお願いしてお前を俺のチームに入れてもらうことにしたんだ。お前の X プロジェクトはもうすぐ終わるんだろ。よろしく頼むよ」

　自分の努力は結果として関の評価を上げるためだったのかと、一柳はやりきれない思いで席に戻った。そんな一柳の気持ちに気付きもせずに法友

の社員でXプロジェクトリーダーが明るく声をかけてきた。
「一柳さん。Xプロジェクトの目処もついたし、ボーナスも出たから、うちの社長が慰労の席を設けたいと言っています。急な話ですみませんが、今日はどうでしょうか。社長は霧島プロジェクトの関さんチームも呼べって言っていますから、霧島チームとXプロジェクトチームの合同の慰労会になります。よろしくお願いします」
「せっかくの横山社長のお誘いですが、私の方のXプロジェクトは完成の目処がついたと言っても最後の動作確認がまだ残っていて、今日は細々とした作業を一気集中してやるつもりなので、難しいです。横山社長にうまく言ってもらえたらありがたいのですが。」
「一柳さん、うちの横山は体育会系だから、自分の誘いを断るのかって怒り出すかもしれません。何とかなりませんかね。明月社を代表して関さんが参加するとはいっても今日はXプロジェクトの慰労会ですからね」
　一柳は、正直、気が重かったが、横山社長の主催とあっては外すわけにはいかなかった。その一方で、意地でもXプロジェクトを前倒しで完成させることにこだわっていたので、PCを持ち帰って残りの仕事は自宅でやることにして、とりあえず慰労会に出席した。
　また、そのついでに、サーバーに保管されている霧島プロジェクトの情報も自分のUSBメモリに取り込んで持ち帰ることにした。近々、関チームに合流するので、業務内容に精通しているところを見せつけて、関チームの中で自分の立ち位置をよくしておこうと考えたのである。
（しかし、法友のセキュリティは甘いなあ。いくら"KIRISHIMA CONFIDENTIAL"ってマーキングしていたって、部外者の俺が情報を読めちゃうんだもな。）
（何の規則もないし、PCもUSBメモリも俺のものだし、まあいいか。じっくり読んでおいて、関以上にこの業務に精通しているところを他の奴らに分からせておく必要があるからな。）

1 情報の持ち出し——社外で業務を行う場合

　在宅勤務制度を導入する企業や社外（自宅等）における業務を認める企業、また認めていなくてもそれを黙認する企業は少なくありません。しかし、セキュリティシステムが十分といえない環境下における情報漏えいだけでなく、ウィルス感染リスクを低減するための対策も検討する必要があります。

(1) USB メモリ

　USB メモリ等は、小さな記録媒体で、大容量のデータ保存ができ、かつ、安価で購入できるので重宝します。一方、持ち歩きしやすいので紛失事故も多く発生しています。また、故意による持ち出しの態様としては、USB メモリによるものが一番多いとの調査結果があります（107 頁図を参照）。

　USB メモリ等の使用をすべて禁じる場合の他に、使用を認める場合は以下のような対策が考えられます。

➢ 　私物 USB メモリ等の使用を禁止し、会社支給の USB メモリ等のみ使用可とする。この際、会社支給の USB メモリ等には、指紋認証や情報を暗号化する機能を装備した"セキュリティ USB メモリ等"を選択すればより効果的です。それほど高価ではないものの、コストはかかります。

➢ 　端末管理ソフトを導入し、登録済の USB メモリ等以外の不正接続を遮断する。

　ただし、これらの場合でも私物 USB メモリ等の使用やウィルス感染リスクを完全に防止することは難しく、最終的には従業員への周知徹底が必要です。

(2) オンラインストレージ

　PC に保存していたデータをインターネット上に保存する方法で、無料で利用できるサービスもあり、導入しやすい方法ですが、PC にもデータ保存が可能である場合は、特定のカテゴリーに該当する秘密情報については、オンラインストレージ上でのみ保存する等の社内運用を徹底しないと効果が望めないと思われ、また、オフラインの場合は利用できないデメリットがあります。また、オンラインストレージで外部の者と情報の交換をする場合には、情報の漏えいを防ぐためオンラインストレージ用のフィルタリングサービスを導入することも大切です。

(3) シンクライアントシステム

PCには最低限の機能のみ持たせ、データやソフトウェアなどの資源はサーバーで一元管理する方法です。情報漏えい対策としては高い効果を期待できるものの、シンクライアントPCやサーバーの導入等のコストがかかり、また、オンラインストレージと同様に、オフラインの場合は利用できないというデメリットが挙げられます。

　社外に持ち出す情報の管理には、このようにさまざまな対策が挙げられるものの、結局は、会社の規模、業務内容、取り扱う秘密情報の重要度、予算等を踏まえて、各社の事情に応じた対策の検討が必要となります。そのためにも、自社のリスク評価が重要です。

3　ライバルには負けたくない！

　まったく気の乗らない宴会だった。横山社長の関心はXプロジェクトよりも霧島プロジェクトにあって、一柳は横山と関の話を一方的に聞くだけだった。宴席の隣では、法友システムズの社員同士が嬉しそうにボーナスの使い途について話をしていた。一柳は、自分に丸投げするだけで独り立ちできていない法友社員のボーナスの方が、自分のボーナスよりも多かったことを思い出し、割り切れない思いを深めてチビチビと酔えないお酒を飲んでいた。

> **ONE POINT　「ネガティブ感情のケア」**
>
> 　従業員がネガティブな感情を持ち続けると、不満が蓄積して思わぬ事態に発展するかもしれません。働きやすい職場環境の整備、透明性の高い公平な人事制度の構築など、企業としても日頃から従業員の仕事へのモチベーション向上につながる努力を行っていることを従業員に周知することも大事です。

　自宅に戻った一柳は、Xプロジェクトの最後の動作確認を行いながらつぶやいた。

　「あれ、このデータってX社の社員名簿そのものじゃないのかな？　人

事システムの開発だからって、動作確認のデータに本物の社員情報そのものを使うなんて危なくてしょうがないや。個人情報保護法のことを知らないのかな？　おお、怖っ！」

　次に、霧島プロジェクトのデータの入ったUSBメモリをPCに差し込みならがつぶやいた。

「何だかな。このまま行ったら、関が部長になって俺は奴の部下になってしまうのかも。どうやったら、安江さんに評価してもらえるのかな。たまたま、関は面白い内容のプロジェクトに関わって単にラッキーなだけなんだよ」

「それにしても、この霧島プロジェクトって面白いな。うちのカミさんも、無計画に買物して同じものを買ったりしているから、何日も続けてもやし料理ばっかり食べさせられる身になってほしいね。あげくの果てに賞費期限切れで棄てているよ。そりゃそうだよ、もやしって足が速いんだよ。独身の頃はだいぶもやしに助けられたから、捨てられているもやしを見ると切ないよ。それにしたって、もともと安いもやしを安く買ったって家計にはあんまり影響ないのに、それを指摘すると機嫌悪くしてしばらく口を利かなくなるから困ったもんだよ。だけど、まあ、ドアを開けなくても冷蔵庫の中身が分かって、しかも、スマホで管理できれば、無駄が減るし家計も助かるなあ。こりゃ、売れるな。カミさんに買ってやろうかな。でもうちは安月給だしボーナスも低かったし……」

「社長が安江さんだからボーナスも安い、なんちゃって！　あーあ、思い出しちゃったよ。法友の奴らってなんであんなにボーナスが良いんだろう。霧島の冷蔵庫が2台も3台も買えちゃうよ」

CHAPTER3
▶ 一柳の休日

1　一柳の秘密

　一柳は、最近、KAGUYA（カグヤ）という2人組の女性アイドルグループから出ている「あなたとの秘密♪」を聞きながら仕事をしている。先日、TVで歌っているのを観て、その際に、リズムの良さにはまってしまったのである。もちろん、このことは妻も知らない一柳だけの秘密である。

　今日も、一柳は、KAGUYAの曲をかけ、自宅でXプロジェクトの最終調整を行っていた。

　ふと手を止めた一柳は、自宅のデスクにおいてあるチケットを眺め「Xプロジェクトも、もうそろそろ終わりそうだし、霧島プロジェクトに合流する前に、KAGUYAのライブに行けそうだな」とつぶやいた。

　今週の土曜日に、東京ドームでのライブがある。関に負けたくない一柳は、Xプロジェクトを優先していたが、仕事の目処もつき、予定どおりKAGUYAのライブに行くことにした。

　土曜日、一柳は、KAGUYAのライブに参加した。

　初のライブ参加とあって、周りの熱狂に押されたが、それでも十分楽しめた。KAGUYAのメンバーの中でも、一柳が押しているのは、宇沙美（愛称「ウサみん」）というメンバーである。一柳は、この日の握手会のため、最近発売されたKAGUYAの二人がW主演で撮影された映画「秘密の田園」のブルーレイディスクを買い、中に入っている握手券（チケット）を手に入れていたのである。

　一柳は、ウサみんと握手するために、列に並んだが、長蛇の列だった。長蛇の列に、見覚えのある者がおり、一柳は、ジーンズの後ろポケットからスマートフォンを取り出し、最近流行ってきたSNSアプリ「糸でんわ」を利用して、短文を送信した。

第2講　非製造業・中小企業における情報管理体制の構築

　送信の相手は、大学のゼミで一緒だった折木である。
　程なくして、折木より返事があり、「マジカ！　奇跡だね。俺、もうすぐ、握手できるから、その後、近くで食事でもどうかな？」と書いてあり、一柳は、久しぶりの再会であり、その後会うことにした。
　しばらくして、一柳の番が回ってきて、わずか30秒と短い時間ではあったが、ウサみんと悲願の握手をすることができた。興奮冷めやらぬまま、一柳は、折木との待ち合わせ場所に向かった。無事、一柳と折木は合流でき、近くの居酒屋に入った。

2　写真交換

　一柳と折木は、久しぶりの再会を祝って、乾杯をした。
「いや、偶然にしても、すごい偶然だな。まさか、こんな所で折木と再会するなんて。しかも、お前もウサみんのファンだったとはな」
「一柳こそ、驚きだよ。今までプログラム一筋だったのにな」
「人生いろいろだよ（笑）」

「まあ、一柳がファンになってダメな理由もないからな。ところで、今度、ウサみんが、うちの新しいイメージキャラクターになるって知っているか」
「知ってるよ！！ そうか、ムラオエレクトロニクスって、折木の勤めている会社だったか。転職したとは聞いていたけど、白物家電の大手にいたとはな」
「まだ、一柳には言ってなかったっけ。ごめんよ。隠すつもりはなかったんだ」
「別に、気にしてないから大丈夫だよ。だけど、突然、転職したって聞いたときはびっくりしたよ」
「前の会社も仕事はしやすかったんだけど、給料がなかなか上がらなくってね。思い切って転職したんだ。一柳のところは景気がいいんだろ？」
「俺も、なかなか給料が上がらなくって、転職してもいいかなって考えるときもある。でも、今、負けたくないライバルがいるから、そいつを負かすまでは、もう少し続ける予定だよ」
「そうか。転職の際は、是非、声をかけてくれよ。一柳みたいな天才プログラマーがいたら、うちの会社も大助かりなんだが。ところで、さっき撮った写真の見せ合いをしないか。いい写真があったら交換しようぜ」
「もちろんだよ。是非、お願いしたい！」
　その後、二人はスマートフォンを交換し、お互い、撮った写真を見せあった。
「なかなかいい写真だね。どの写真も欲しいよ。一柳って結構いい腕してるんじゃん。プログラマーにしておくのがもったいないなあ。ところで、この冷蔵庫の写真はなんだい？」
「あ、その写真か。今度、発売する冷蔵庫らしいんだ。カミさんにプレゼントできたらいいなと思ってね。型番とかまだないから、デザインだけでも忘れないようにと思って写真を撮っておいたんだ」
「デザインがスタイリッシュで、かっこいいね。どこで、そんな情報を仕入れたんだい？」
「まあ、いろいろあって、今度、冷蔵庫のアプリの開発プロジェクトに参

加することになったのさ」
「そうなのか。ちなみに、他にどんな機能があるんだい？」
「聞いてくるね。でも、発売前のものだから、教えられないぞ（笑）。少なくとも、今までの冷蔵庫の役割を変える画期的なものになりそうだよ。」
「やっぱりそうだよな。俺さあ、最近、冷蔵庫を企画する部門に異動になったばかりで、画期的な企画をと思っているのだけどなかなか思いつかなくってね。もし参考になるなら参考にしたいなと思ってね。実は、最近、アイデアがどん詰まりで仕事に行くのもきつくなって、休みがちなんだ」
「それは、大変だな。そういえば、折木は一昨年結婚したばかりで、子供がもうすぐ生まれるんだよな」
「そう。プレッシャーが大きくて何もかも嫌になって逃げ出したくなったりすることがある。だから、アイドルのコンサートを観に来て無心になる時間が欲しいのかな。あーあ、何かいい案がないもんかね」

折木のただならぬ様子に一柳は少し黙りこんだ。俺の会社に対する不満も聞いてくれたし、親友の折木が困っているのに、何もできないのは心苦しいと感じた。一柳は、自宅に持ち帰ったUSBメモリに霧島電機の新しい冷蔵庫のデータが入っているのを思い出し、インターネット上で送ることも考えたが、通信記録が調べられた場合、足がつく可能性が高いと考え、別の方法で渡すことを決めた。

そして、一柳は、口を開いた。
「折木、分かった。折木の役に立つなら、この冷蔵庫について教えるよ。実は、この冷蔵庫の仕様について書かれた書類が家にあるんだ。それでよければ、折木に見せてやるよ」
「え、でも、それまずくないか」
「実は、俺が担当しているプロジェクトの資料じゃないんだ。今行っている会社は資料の保管が杜撰で、誰でもアクセスできる所に保存されてるんだ。俺が見ていることも誰も知らないだろうし、大丈夫だよ。それに、困ったときはお互い様だし、特に折木からのお願いならね」
「一柳、本当に助かる。この恩は、一生忘れない」
「折木がこれで楽になるなら、お安いご用だ。資料は、明日にでも郵送し

ておくよ。それとも、今から、家に取りに来るか」
「いやいや、郵送でもかまわないよ。本当に助かる」
　そう言って、折木は、涙を浮かべて、一柳に何度もお礼を言った。

　折木と別れ、自宅に戻った一柳は、折木に霧島電機の冷蔵庫の資料を渡すため、持ち帰ったUSBメモリから資料を開き、自宅のプリンターで印刷し、折木宛の封筒に詰め、ベッドに入った。翌日の朝、一柳は、折木宛の封筒を、ポストに投函して、法友システムズに向かった。

3　関との合流

　しばらくして一柳は、関のチームと合流した。一柳は、新冷蔵庫の資料を自宅に持ち帰り勉強していたこともあり、スムーズに開発に移ることができた。一柳が合流してから開発のスピードが上がり完成も納期より早まりそうであったことから、横山社長から一柳は高い評価を受けた。

　これを聞いた安江は、一柳を呼び出し、横山社長から高い評価を受けていること、次に受注予定の新規案件は、一柳をプロジェクトリーダーとするチームに依頼する予定である旨を伝えた。また、次の人事で、昇格する予定である旨も伝えられた。安江の話を聞き、一人になった一柳は、ガッツポーズをして喜んだ。ついに、関に勝ったのであった。

　一方、そのころ、ムラオエレクトロニクスでは、一柳から資料を受け取った折木を中心に新しい冷蔵庫の開発が進められていて、社内では、冷蔵庫の革命とも囁かれ、注目を浴びていた。

　その後、滞りなく開発が進み、霧島電機の新冷蔵庫のリリースとほぼ時期を同じくして、ムラオエレクトロニクスからも新冷蔵庫のリリースが行われた。

　インターネットでは、霧島電機とムラオエレクトロニクスの新しい冷蔵庫の記事が掲載され、ニュースのトップ記事になるほど社会の注目を浴びた。一方、ムラオエレクトロニクスの新しい冷蔵庫のデザインや機能が、先に発表された霧島電機の新しい冷蔵庫に酷似しており、インターネット

の掲示板では、「パクリ疑惑」や「情報の漏えい」ではとの書込みも見られた。
　もっとも、ムラオエレクトロニクスのイメージキャラクターが、ウサみんになったとの発表もなされ、ウサみんについてのコメントが多く、このような書込みについて、気にとめる者も少なかったし、もちろん、一柳や折木も、このような書込みがあること自体、知るよしもなかった。

CHAPTER4
▶情報管理体制の構築──法友システムズ社編

1　警告書

　二つの会社から酷似する冷蔵庫がそれぞれ発売され、数か月が経った。
　真田は、神妙な面持ちで社長室のドアをノックした。
「失礼します。横山さん、あの……、メールでも一報入れましたが、霧島電機から警告書が届きました。先日ニュースになっていた、ムラオエレクトロニクスが霧島電機の製品を模倣したっていう事件、その原因は、ウチが、外注先の明月システムを介して、ムラオエレクトロニクスに情報を漏らしたからだというんです。確かに、先日のアプリ開発の案件で、霧島電機の未発売製品の仕様や概要に関する情報は受け取っていましたが、警告書の内容が事実なのか、まずは調査が必要です。霧島電機は、ムラオエレクトロニクスが問題となっている冷蔵庫の販売で得た利益を、自社の損害とみなして、ウチに賠償するよう要求してきています」
　真田は、法友システムズの総務部で唯一の法務を担当する女性社員であり、新卒で法友システムズに入社し今年で3年目を迎える。普段は人懐っこく、ややおっとりした性格だが、優秀で丁寧な仕事ぶりは社内でも定評があり、早くも総務部の中核メンバーになりつつあった。真田の報告を受けた横山の脳裏には、明月システムの社長の安江の顔が浮かんだ。
「一体何が起きたんだ」

　その後の調査の結果、霧島電機が警告書で主張するとおり、外注先である明月システムの従業員である一柳が、ムラオエレクトロニクスの従業員である折木に対して、霧島電機の未発売製品に関する資料を渡したという事実が判明した。また、ムラオエレクトロニクスにも冷蔵庫の販売差止めを求める警告書が届いていることが判明した。

第2講　非製造業・中小企業における情報管理体制の構築

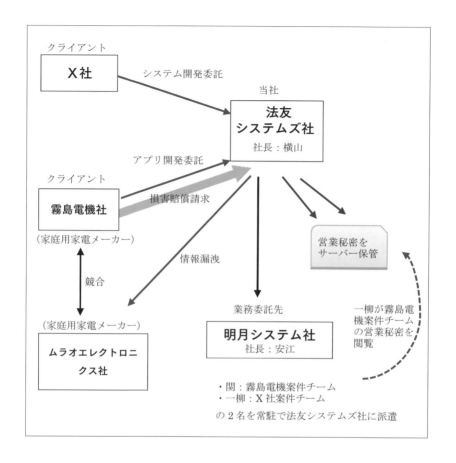

真田は、調査結果を横山に報告した。
「本件については顧問弁護士に相談の上、引き続き、事実確認のためのヒアリングを進めているところです。ただ、霧島電機の主張はほぼ事実のようですので、相当額の賠償は覚悟しておく必要があると仰っていました。正直、とても厳しい状況です。それと、損害は霧島電機からの請求額だけではないと思うんです。この話が広がれば、当社の信用は失墜してしまいますし、売上げへの影響も考えておかなければならないかと……。」

> **ONE POINT　取引先の情報の取扱い**
>
> 　製造業では、自社の製品に関する情報の取扱いが重視されますが、非製造業では、取引先の情報を取り扱う割合が多く、自社情報と併せて他社情報の取扱いに注意する必要があります。本件のように、取引先の情報を漏えいした場合、取引先から多額の損害賠償請求を受ける可能性があります。また、法令違反や取引先との契約に違反することにより、自社の社会的信用を失墜して企業価値を下げてしまったり、取引先との信頼関係を毀損する可能性があります。

　横山が重い口を開いた。
「こんなことになるとは考えてもなかったよ。うちの従業員ならまだしも、再委託先から漏えいするとはな……。真田さん、そもそもウチは何も悪いことはしていないじゃないか。明月システムに責任をとってもらうことはできないのか」
「後日、明月システムに対して求償をすることは可能かと思いますが、再委託先である明月システムの行為に関して、霧島電機に対する責任主体は、あくまでも当社です。正直、当社の情報管理体制は不備が多く、今回の事件での落ち度については、認めざるをえません」
　真田がそう答えると、横山は落胆の表情を浮かべた。

> **ONE POINT　「再委託先のやったこと」は通用しない？**
>
> 　本件のように、元請事業者から第三者に対して再委託される場合、元請事業者は、再委託先（および再委託先から再委託される事業者）を監督する責任があります。「再委託先のやったこと」として責任を免れることはできません。

2　情報管理体制の構築プロジェクト始動

　横山は、茅場町のバーで一人考え込んでいた。去年、安江と飲みながら、

後に一柳が投入される新規案件の話をした時のことが思い返された。
（あれが始まりだったな。）
　これまで法友システムズは、その技術力を売りにして、この規模の会社ではなかなか取引できないようなクライアントを顧客に抱え、順調に売上げを伸ばしてきた。今回の事件はそんな横山にとって思ってもみない事件であり、さすがの横山も落ち込んでいた。
（俺はどこで間違ったんだろう。）
（うちの規模で大手顧客を相手にしたのが間違いだったのか。いや、安江のところに頼まず、自社の要員だけで開発すればこんなことにならなかったんじゃないか。）
　さまざまな思いが頭をよぎった。安江にも、一柳にも言ってやりたいことは沢山ある。
（そういえば、真田が言ってたな。「当社の情報管理体制は不備が多く」か。笑えるよな、数年前まで、右も左も分からないっていう状態だったのに。あいつもすっかり法務担当者らしくなったな。ただ……あいつの言うとおりかもしれないな。技術さえ確かであれば、顧客はついてくると思っていたが、こんなことが起きるとは思いもよらなかったな。ここまで苦労して会社を軌道に乗せたというのに、俺の努力は何だったんだ。）

「この最大の危機において、さらにコストをかけることのリスクは承知している。使えるコストにも限りがある。それでも、法友システムズをもう一度建て直そう」
　横山は真田を呼び、訴訟の対応とあわせて、法友システムズの情報管理体制の見直しのためのプロジェクトを立ち上げるよう指示を出した。

3　真田、月例会に参加する

　横山の指示を受けた翌週、真田の姿は経営法友会が主催する月例会の会場にあった。経営法友会は、企業法務部門を主な対象として、法令の制定、改正動向、判例などについて弁護士などの専門家を招いて「月例会」というセミナーを開催している。真田は、横山から情報管理体制の見直しの指

示を受けたこともあり、「企業の秘密情報管理の実務対応」と題した月例会に参加することにしたのだ。

月例会には大勢の人が参加しており、定刻ぎりぎりに駆け込んだ真田は、後方の席になってしまった。講師の島谷弁護士は、経済産業省が策定した『秘密情報の保護ハンドブック』をベースに、企業が取り組むべき秘密情報の管理実務について、明快で分かりやすい講義をしてくれた。

（なるほど。まずは法友システムズにとっての情報資産の洗出しから始める必要があるのね。今回、損害額が大きくなったのは、何といっても漏えいしたのがあの「霧島電機」の情報だったからだわ。これがウチ独自の情報だったら話は違っていた。つまり、一口に情報といっても、その重要度には違いがあるということよね。優先的に保護すべき情報を特定するためにも、まずは情報の棚卸しから始めなくちゃ。）

真田は、月例会の配布資料の隅に、自分が思いつく限りの、法友システムズで取り扱う情報を書き出してみた。

法友システムズ社で取り扱う情報

1．営業本部で取り扱う情報
　(1)　顧客から貰う情報（商品情報、RFP（提案依頼書）、連結する既存システムの仕様など）
　(2)　外注先から貰う技術情報

2．開発本部で取り扱う情報
　(1)　営業本部で取り扱う情報（上記）
　(2)　ソースコード

3．管理本部で取り扱っている情報
　(1)　契約
　(2)　人事情報
　(3)　取引先の与信や支払状況
　(4)　資金調達や財務に関する情報
　(5)　M&A、投資、経営戦略に関する情報

（私が思いつく限りだと、こんなところかなー。今度、全社にヒアリングをかけて情報資産台帳にとりまとめをしましょう。）

　真田は、横山から情報管理体制の見直しの指示を受けて以来、正直途方に暮れていたが、何から着手すれば良いのかが分かり、少し道が開けたような思いであった）。

> **ONE POINT　「ソースコード」の営業秘密該当性**
>
> 　真田は、法友システムズで取り扱う情報として「ソースコード」を挙げています。ソースコードとは、コンピュータに対する命令文の集合で、この命令文は、人間が理解しやすい言語や数式（プログラム言語）で記述されますが、コンピュータに実行させるためには、ソースコードを機械語に変換（コンパイル）する必要があります。ソフトウェアを開発する際に使用するソースコードについては、裁判例で営業秘密に該当すると判断されたものがあります（大阪地判平成25・7・16）。開発者側の管理体制が問われることはもちろん、ソースコードを使用する側にも注意が必要です。

4　真田、コイズミスクリューの古池に出会う

　真田の隣の席では、真田と同じような年頃の若い女性が熱心に講義を聴いていた。真田は、先ほどから月例会配布資料とともに彼女が持っている図表が気になって仕方がない。その図表には「コイズミスクリュー　情報セキュリティ・リスクマップ」と記載されている。

　月例会終了後、真田は思い切って、女性に話かけてみた。

「とても面白い講義でしたね。ところで、さっきからその資料が気になっていて。そんな資料配られていました？」

　女性は少し驚いた表情を見せたが、すぐに微笑んで答えた。

「良い講義でしたね。これ、ウチの会社の情報セキュリティに関するリスクマップなんです」

　彼女は八王子にあるコイズミスクリューという製造業者に勤めているという、古池と名乗るその女性は、「詳細は話せませんが」といいながら、

現在、情報管理体制の見直しをしていること、リスクマップを作っていることと、それに基づくリスク評価を進めていることを話してくれた。
「ブランクのものでよければどうぞ。何かのお役に立てれば」
そう言って、古池は真田に、リスクマップ"評価編"と書かれた、フォーマットを差し出した。
「これだー！」
真田は目から鱗が落ちる思いがした。
「ウチもこれを作ろう。コイズミスクリューさんって、うちと同規模の会社みたいだけれど、メーカーさんよね。これをうちみたいなシステム開発会社に置き換えると、どうなるだろう」

帰社後、すぐに作業にとりかかった。
「まずはたたき台を作って、横山さんや営業、開発、管理本部の部長以上のメンバーに諮ってみるかぁ。情報管理体制を見直すといっても、業務の効率性を著しく損なうような体制じゃ、結局形骸化しちゃうものね。どこに重点を置いて体制を強化すべきか、このリスク評価が、情報管理体制見直しのための大きな鍵となるに違いないわ。えっと……頻度が多いのは、営業やシステム保守担当者に持たせている携帯の紛失と、メールの誤送信。一方、今回の事件のように故意による情報漏えいは、頻度こそ少ないけれど、重要な情報の漏えいが想定されるから、影響度は高いはず。それから……」
真田の独り言と作業は深夜まで続いた。

それから数週間後。真田のドラフトをベースに、リスクマップ"評価編"が作成された。横山や本部長・部長陣との間では、今回の事件のような「常駐者による情報漏えい」のリスクをどのように評価するかという議論が繰り広げられたが、議論の結果、社員による情報漏えいとあわせて「内部要因」による情報漏えいとして、リスク評価をすることになった。

5　情報セキュリティ対策

「これで、どこに重点をおいて対策を見直すかは見えてきたわ。次は情報漏えい対策の検討かぁ。横山さんの承諾を頂いた上で、石田さんに協力してもらっちゃおっかな」

石田は、法友システムズの情報システム部の課長で、33歳の働き盛りである。一見、神経質そうな印象を受けるが、穏やかで面倒見の良い性格だ。入社当時に石田が真田のPC設定をしたことをきっかけに、真田は石田を兄のように慕っており、石田も真田をよく気にかけていた。社内からは、「真田石」と言ってからかう人がいるほど、相性の良い2人であった。

真田は、石田に対し、訴訟のこと、横山から情報管理体制の見直しの命を受けたこと、月例会や『秘密情報の保護ハンドブック』のことを話すと、石田は、『秘密情報の保護ハンドブック』をめくりながら、ホワイトボードに次のとおり書いた。

① 接近の制御
② 持出し困難化
③ 視認性の確保

「情報セキュリティ対策といっても、その方法はさまざまだ。会社によって、取り扱う情報の種類や重要度、使えるコストに違いがあるし、ウチはウチの対策を検討する必要がある。まずは、『秘密情報の保護ハンドブック』に書いてあるこの3つの目的別に、どのような対策を取りうるか洗出しをした上で、予算や実務を踏まえながら、法友システムズにとって最適な対策を一緒に検討していこう」

石田の言葉に、真田の目が輝いた。
「やっぱり石田さんって、頼りになりますね！」
真田の一言に照れくさそうな石田であった。
石田は、真田に『秘密情報の保護ハンドブック』を元に①接近の防御、②持出し困難化、③視認性の確保について説明し始めた。

「まず、①接近の制御。『秘密情報の保護ハンドブック』には、『ルールに基づく適切なアクセス権の付与・管理』ってあるけれど、今回の事件では、常駐していた明月システムの一柳さんが、自分が担当していた案件とは別の案件の情報に、自由にアクセスできたことによって情報が漏えいしたんだよね。アクセス権の範囲は、その秘密情報の内容・性質等を踏まえて、『知るべき者だけが知っている状態』（need to know）を実現することが重要なんだ。つまり、霧島案件のプロジェクトメンバーではない一柳さんには、アクセスできない状態にしておかなければならなかったということだね」

「次に、②持出し困難化。『秘密情報の保護ハンドブック』に、『電子データの暗号化による閲覧制限等』っていうのがあるよね。これは、電子データを暗号化しておくことで、アクセス権がない社員の手にデータが渡っても閲覧できないようにする対策だ。暗号化をするために、暗号化ソフトを使うのも良いけれど、電子ファイルの開封パスワードを設定するのも、手軽で良く取られる手段だよね。ただ、ここで重要なのがパスワードの取扱い。忘れてしまうからといって、付箋でパスワードを見えるところに貼っていては、意味がなくなってしまうから、運用状況の徹底や監査も必要になってくるね」

「確かにいますよねー、PC のディスプレイにパスワードを付箋で貼っている人」

「それから、そもそも情報を外部に持ち出すことを制限することが大切だね。実は、情報の流出経路を調べた統計情報があるんだけど、USB メモリを使用した流出が最も多いとの統計情報があるんだ（次頁図参照）。私物 USB メモリの利用・持込みを禁止したり、電子化された秘密情報について印刷、コピー＆ペースト、USB メモリ等への書き込みができないような設定をしたりして、情報を複製できない環境を整えることも必要になってくるね」

第 2 講 非製造業・中小企業における情報管理体制の構築

図　故意による内部不正の対象となった情報等の流出経路・媒体
　　（内部不正経験者）

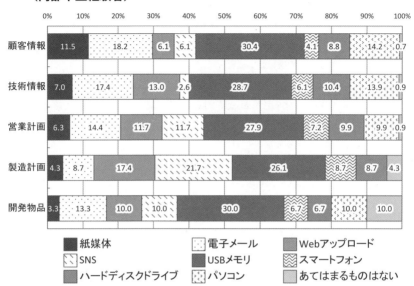

出典：情報処理推進機構（IPA）「内部不正による情報セキュリティインシデント実態
　　　調査－調査報告書」（2016 年 3 月 3 日）16 頁をもとに作成

「本当ですね。USB メモリからの流出が一番多いんですね。そういえば、今回の情報漏えいも、一柳さんが持ち込んだ私物 USB メモリからでしたね。こちらは、早急に対応する必要がありますね」

真田はそう言いながら、メモを取り続けている。

「そうだね。それから、統計情報では、スマートフォンからの流出はそれほど多くないものの、容易に写真撮影ができ、また、外部記録媒体としての機能もあるため、私物のスマートフォン等の情報機器について職場内での利用・持込みを禁止するなどの対策も考えていく必要がありそうだね」

真田は、石田の指摘を受け、さすが石田さんだと感心した。そのような真田の気持ちに気付かないまま、石田は、説明を続けた。

「最後に、③視認性の確保。『秘密情報の保護ハンドブック』には、秘密情報の漏えいを行ったとしても見つかってしまう可能性が高い状態であ

107

ると認識させる状況を作り出す一手法として、『従業員等の名札着用の徹底』ってあるね。社員に社員証の着用を徹底して、他者から自己の氏名や所属部署が確認でき、情報漏えい行為を目撃された場合に、すぐさま自己の氏名等が特定されてしまう状況にするといった対策だ。悪いことをしても直ぐにバレてしまう可能性が高くなり、悪事がしにくくなるからね」
「これはうちでも実践して、すでに、社員の氏名、所属部署と顔写真がついた社員証を配布していますね。それに、偽装請負対策として、社員証を首からさげるためのストラップを、正社員は黒、常駐者は緑というように、色分けしていますが、これも、どのような人が、どの情報に接触しているか、目につきやすくなる効果も期待できますね」

　真田と石田の議論は続き、先に作成した「法友システムズ〜情報セキュリティ・リスクマップ"評価編"」で定める「損失インパクト」を踏まえた上で、以下のような情報漏えい対策を策定した。
　導入するサービス、ソフトウェア、機器の種類については、横山を交えて相談のうえ、年間100万円を上限とし、総評「4」および「3」のリスクへの対策を優先的に検討することとなった。予算の制約上、真田と石田は議論の結果、特に、情報の外部流出の防止（＝②持出しの困難化）を最優先に対応することとし、その後、①接近の制御、次に③視認性の確保の対応を行うこととした。

第2講 非製造業・中小企業における情報管理体制の構築

想定リスク			損失インパクト			情報漏えい対策	
			頻度	影響	総評	一般情報	個人情報
外部要因	サイバー攻撃		1	2	2	ソフトウェアのアップデート ウィルス対策ソフト ファイアーウォール	
	建屋への不正侵入		1	2	2	入館制限 （ICカード） キャビネット施錠	
	他社から漏えい	お客様から	1	2	2	NDA締結	原則開示しない
		仕入先から （当社の常駐者については内部要因[不正]に従う）	1	2	2		
		クラウド事業者	1	3	3		
内部要因[過失]	社外での紛失盗難	PC	2	2	4	パスワード設定 遠隔操作によるデータ消去	
		スマートフォン 携帯電話	3	1	3	パスワード設定 遠隔操作によるデータ消去	
		USBメモリ その他の記憶媒体	2	1	2	パスワード設定 暗号化	
		紙資料	2	1	2	ペーパーレス化	
	誤移送	メール誤送信	3	1	3	—	上長の承認を必要とするシステムの使用
		FAX誤送信	1	2	2		ダブルチェック
		誤郵送／配送	1	2	2	—	ダブルチェック
	誤廃棄	情報機器	1	2	3	消去ソフト	消去ソフト及び物理的破壊
		可搬記憶媒体	1	2	2	消去ソフト	
		紙資料	2	1	2	シュレッダー	
内部要因[不正]	社員・常駐者による不正	電子データの不正取得	1	4	4	記録媒体の使用制限設定	
		紙の不正取得	1	3	3	キャビネット施錠	
		機器／媒体の盗難	1	3	3	ワイヤーロック	
	システム管理者による電子データの不正取得		1	3	3	ログ監視ソフト	

NOTE

2 対策例を探る

　経済産業省策定の『秘密情報の保護ハンドブック』には、①接近の制御、②持出し困難化、③視認性の確保、④秘密情報に対する認識向上、⑤企業への帰属意識・信頼関係の向上等の5つの目的別に対策例が挙げられています（「秘密情報の保護ハンドブック」66頁～74頁参照）。ここでは特に、「従業員や常駐者への対策」を念頭に置いて、①接近の制御、②持出し困難化、③視認性の確保の3点について、石田が挙げた項目以外の対策も確認しておきましょう。

① 接近の制御

➤分離保管による秘密情報へのアクセスの制限

　秘密情報が記録された書類・ファイル、記録媒体（USBメモリ等）については、保管する書棚や区域（倉庫、部屋など）を分離し、電子データについては、格納するサーバーやフォルダを分離した上で、アクセス権を持った者のみがアクセスできる仕組みにします。

➤秘密情報の復元が困難な廃棄・消去方法の選択

　秘密情報が記録された書類・ファイルや記録媒体等の廃棄、秘密情報が記録された電子データの消去を行う場合、アクセス権限を持たない第三者が復元し、アクセスされることがないよう、以下のような復元不可能な形にして廃棄・消去します。

【例―書類の場合】
- シュレッダーにより裁断し、廃棄
- 専門処理業者に依頼して焼却、溶解

【例―記録媒体（USBメモリ等）、PC、サーバー等の場合】
- データ消去ソフトによる消去、および記録媒体の物理的な破壊（記録媒体からデータを削除しただけでは、復元されるおそれがあります。）

② 持出し困難化

➤遠隔操作によるデータ消去機能を有するPC・電子データ等の利用

　無断で外部にデータが送信された場合や、PC等の機器端末の紛失や盗難時等に備えて電子データやPC等の機器端末に、遠隔操作による消去機能を設定しておきます。

【例】
- 遠隔操作により PC 内のデータを消去できるツール
- 電子データそのものに遠隔操作による消去機能を備えさせるツール

③ 視認性の確保

➤職場の座席配置・レイアウトの設定、業務体制の構築

　社員同士で互いの業務態度が目に入ったり、背後から上司等の目につきやすくなるような座席配置としたり、秘密情報が記録された資料が保管された書棚等が従業員等からの死角とならないようにレイアウトを工夫します。目につきやすい状況を作り出すことで、故意による情報漏えいを防ぎます。

➤秘密情報が記録された廃棄予定の書類等の保管

　秘密情報が記録された廃棄予定の書類等についても、実際に廃棄するまでの間は、引き続き秘密情報としての管理を実施することが重要であり、廃棄場所は、複数の社員等の目の届く場所に設置します。

➤外部へ送信するメールのチェック

　外部へのメール送信の際に、そのすべてのメールまたは一部のメールについて、上司の承認を必要とするシステムを使用したり、自動的に上司等にも CC メールが送信されるよう設定したり、従業員のメールの送受信内容を必要に応じてモニタリングする場合があることを周知したりするなど、外部とのメールでのやり取りが上司等に把握される可能性があると認識させることで、メールでの情報漏えい行為を行いにくい状況を作ります。また、上司の承認を必要とするシステムを使用する対策は、秘密情報の送付先の間違いを防止する効果もあります。

　なお、メールのモニタリングは、従業員のプライバシー等の人格的利益の侵害を生じかねないため、合理的な方法にて行う必要があります。具体的には、本対策を講ずる前提として、「社内メールの業務目的外の使用を禁止していること」、「メールのやりとりをモニタリングする可能性があること」を予め就業規則等の規程に盛り込んでおく等して社内に周知し、従業員等のメールが知らない間にチェックされていたということがないようにすることが重要です。

➤印刷者の氏名等の「透かし」が印字される設定の導入

　秘密情報が記録された電子データを印刷した場合に、強制的に印刷者の氏名や ID の「透かし」が印字されるように設定することにより、印刷物の外観から、誰が印刷したものかがすぐ分かるようにします。

ONE POINT　内部不正行為者による内部不正に効果的な方法とは

　内部不正行為者に、内部不正に効果的だと思われる対策についてアンケートした結果があります。そのアンケートの結果によると、上位の有効な対策方法としては、「ネットワークの利用制限がある」、「技術情報や顧客情報にアクセスした人が監視される（アクセスログの監視等を含む）」、「技術情報や顧客情報などの重要情報は特定の職員のみがアクセスできる」との回答があります。

効果的だと思う対策の比較（内部不正経験者）

順位	対策	割合
1位	ネットワークの利用制限がある（メールの送受信先の制限、webメールへのアクセス制限、webサイトの閲覧制限がある）	50％
2位	技術情報や顧客情報などの重要情報にアクセスした人が監視される（アクセスログの監視等を含む）	46.5％
3位	技術情報や顧客情報などの重要情報は特定の職員のみアクセスできる	43％
4位	職務上の成果物を公開した場合の罰則規定を強化する	25％
5位	管理者を増員する等、社内の監視体制を強化する	23.5％

出典：情報処理推進機構（IPA）「内部不正による情報セキュリティインシデント実態調査－調査報告書」（2016年3月3日）42頁をもとに作成（一部加工）

③　サイバー攻撃とセキュリティ対策

　金融業界など個人情報を取り扱う業種等をターゲットにしたサイバー攻撃が増加傾向にあり、クレジットカード情報などの個人情報の外部への流出事件などが発生しています。ここでは、サイバー攻撃の主な手口やセキュリティ対策について紹介します。

(1) 主なサイバー攻撃の手口
　① 標的型攻撃メール
　特定の組織内の情報を狙って行われるサイバー攻撃です。実在する取引先などを装い、コンピュータウィルスが添付された電子メールを送ることなどによって攻撃が開始されます。ウィルスに感染したパソコンなどを乗っ取り、外部と通信して情報を抜き取るために使われます。
　② ランサムウェア
　感染したPCをロックしたり、ファイルを暗号化したりすることによって使用不能にしたのち、元に戻すことと引き換えに「身代金」を要求する不正プログラムです。メールの添付ファイルなどを通じて拡散されます。感染したパソコンだけでなく、ネットワーク上にあるデータについてロックや暗号化をするタイプも登場しています。
　③ DDoS
　大量のデータを集中的に送りつけて、サーバーをダウンさせる攻撃手法です。
　④ バックドア
　ソフトウェアやシステムに仕込まれた「裏口」を意味します。悪意を持ったユーザーが、他人のコンピュータのシステムへの不正侵入に成功した際、乗っ取ったパソコンを遠隔操作するために使われます。

(2) 最低限のサイバーセキュリティ対策
　最低限のサイバーセキュリティ対策として、「秘密情報の保護ハンドブック」（78頁〜79頁）では以下のような対策を紹介しています。
➢ソフトウェアを常に最新版にアップデートする
　PCの脆弱性を狙った攻撃を防ぐため、WindowsやMacに代表されるOSや、Word、Excelなどといったアプリケーションソフトウェアは常に最新の状態で利用します。
➢ウィルス対策ソフトウェアを導入する
　ウィルス対策ソフトウェアを利用してウィルスの感染を防ぎます。なお、ウィルス対策ソフトウェアが最新の状態となっているか、有効期限が切れていないかを確認することが大切です。
➢ファイアーウォールを設定する
　不正アクセスを遮断するため、ファイアーウォールを設定します。OSに内蔵されているファイアーウォール機能もあるので、新しいソフトウェアや機器の導入が難しい場合には、まずはこの機能を有効にしましょう。

(3) 受け身の防御から攻めの防御へ
　サイバー攻撃を受けるリスクの高い業界においては、従前の「受け身」のセキュリティ対策から、どこが狙われているのか、その情報をいち早く入手し、先回りして監視や対策を施す「攻め」のセキュリティが必要であるといわれています。そのために必要となるのがサイバーインテリジェンス（サイバー攻撃をしかける「敵」に関する情報）です。サイバーインテリジェンスは以下の3種類に分類されます。
➤ マルウェア報告サイト、論文・書籍、白書など公開されている情報である「OSINT（オシント）」
➤ 人（攻撃者や調査官など）から情報を収集する「HUMINT（ヒューミント）」
➤ セキュリティ製品やセンサーなどが検知した情報「SIGINT（シギント）」
　サイバーインテリジェンスの活用は、米国で先行していましたが、日本でも活用の機運が高まり、現在では多くのサイバーインテリジェンスに関するサービスや製品が日本でも展開されています。

6　社内体制の見直し

(1)　USBポート等の制御

　真田と石田は、優先順位度が高い、USBメモリ等の記録媒体による情報漏えいを防ぐ措置から対策を講じることにした。

　まず、USBメモリ等の使用ができないよう、USBポートを制御できるソフトウェアを導入した。このソフトウェアにより、業務端末で、USBメモリ等の記録媒体は接続できなくなった。もっとも、業務上USBメモリを使用しなければならない場合もあるため、業務用USBメモリを購入し、システム管理者の許可があった場合に限り、当該USBメモリのみ接続できるようにした。

　また、クラウドサービスを利用した情報のやりとりについても制御するため、原則として、クラウドサービスにアクセスできないようサーバーの方で制御することとした。

　一部の従業員からUSBポート等の制御について反発はあったものの、一柳の事件の後であったことや横山が積極的であったことから、大きな問

題となることなく導入された。

以上に加え、真田と石田は、一柳が委託業務とは関係のない情報にアクセスできていたという問題があったため、委託先が常駐として社内で作業をする場合、業務に必要な情報のみにアクセスできるよう適切に制御してある法友システムズのパソコンを貸与することにした。

(2) 情報管理規程の改定

次に、明示的に私物 USB メモリ等の記録媒体やスマートフォン等の電子機器の持込み・利用を禁止するため、就業規則と情報管理規程を改定することにした。

法友システムズには、もともと情報管理規程が存在したが、情報の取扱いに関する規定内容が不十分であり、実効性に疑問を持つ規程であった。

そこで、真田と石田は、記録媒体等の持出しの困難化の観点から、①USB メモリ等の記録媒体の無断持出しの禁止、②クラウドサービス等の利用の禁止、③持ち出した場合、厳重な懲戒処分の対象となること、また、接近の制御の観点から、④社内の立入制限区域への無断立入禁止、業務外の事由で自己の職場以外に立ち入らないこと、⑤ファイルには必ず推測されにくいパスワードをかけ、当該パスワードを人の目に触れるところに置いておかないこと、⑥当該情報に接する必要がある者のみ閲覧できるように設定し、関係がない者は閲覧できないように制御すること、を明記することとした。

(3) PC の操作ログ等の取得

今回は、USB ポート等の制御を優先的にしたため、PC の操作ログの取得のソフトウェアの導入は予算の制約上見送られた。もっとも、インターネットを利用した情報のやりとりができてしまうため、社外と通信するメールについては、一度、どのような情報がやりとりされているのかすべて監視し、一定期間保存する措置を講じることとした。

また、メール等の監視にあたり、従業員のプライバシーを侵害するおそれがあることから、就業規則に以下の規定を追記することとした。

- 必要に応じて、会社が従業員に貸与した端末若しくは会社のサーバーに保存されているデータを閲覧し、または情報を解析し、従業員ごとのインターネット等の利用履歴を確認すること。
- 必要に応じて、従業員が送受信した社用電子メールの内容を閲覧すること。

なお、PCの操作ログ取得についても、牽制の意味と予算が確保でき次第いつでも対応できるようにするため、このタイミングで就業規則に盛り込むこととなった。

(4) ある日の夕方

今回の対策に必要なソフトウェアの導入および規程等の改定が、何事もなく終わり、真田と石田は安堵していた。

そこに横山が訪れ、「二人とも、お疲れ様。二人のおかげで、無事に情報管理体制を立て直すことができたよ。本当にありがとう。よし、これから社内体制の立て直しを祝して飲みに行くぞ！」

打ち上げに誘われた真田と石田は顔を見合わせた。

「社長、情報管理体制の立て直しはまだ始まったばかりにすぎません。これから、従業員や役員の方々に研修を行ったりして、一人ひとりの意識を高めて行かなければなりません。規程があっても、それを守ってもらわなければ意味がありません。なので、立て直しの祝杯は、まだまだ先ですよ」

石田がそう話したため、横山は二人に対し「すまん。まだまだ考えが甘かったようだ。これからも二人に期待しているぞ」と反省気味に言い、部屋から出て行こうとした。

そこに石田が、「でも、たまには息抜きしないとダメですからね。今日は社長の持ちですからね。真田さんもどうですか？」と言った。真田は、突然の振りに一瞬戸惑ったが、「是非、ご一緒したいですわ」と、帰りの準備を始めた。

程なくして、横山、石田、真田は、会社を出て、有楽町方面へと向かった。

4 契約による情報漏えい対策

(1) 契約

　契約による情報漏えい対策として挙げられるのは、もちろん、情報の開示先と「秘密保持契約」を締結することです。では、法友システムズと明月システムとの間で秘密保持契約が締結されていれば、今回の事件を防ぎ、または抑制することができたでしょうか。この点、両社の間で締結した秘密保持契約は、法友システムズから明月システムに対し、損害賠償請求をする際の根拠にはなりえても、漏えいの抑制効果はあまり期待できないかもしれません。

　そこで、委託先の従業員が自社の施設内で作業する、常駐者が多いIT業界では、委託先との秘密保持契約の締結だけではなく、その従業員たる常駐者個人に誓約書を提出させる企業があります。

　もっとも、常駐者個人による誓約は、委託先や常駐者自身からの抵抗が強いため、常駐者が、自身の所属する会社（委託先）に対して誓約書を提出し、その写しを回収・確認するという方法が多く採られています（128頁 秘密保持契約書参照）。常駐者個人に誓約書を提出させることにより、情報漏えいの心理的な抑制の効果が期待できます。

(2) 規程

　情報管理規程等を策定する場合、実務の内容、秘密情報の種類や範囲、利用態様など、個別具体的な事情に応じて、自社にとってどのような規律を設けることが適切であるかについて十分な検討を行う必要があります。たとえば、常駐者が多いIT業界では、規程の適用対象者を従業員（パート、アルバイトを含む）や役員だけでなく、常駐者も含むなどの対策が必要です。

CHAPTER5
▶情報管理体制の構築──明月システム社編

1　再び茅場町のバー

「霧島にも法友にも、ものすごい迷惑をかけてしまってお詫びのしようがない。法友は霧島からかなりの損害賠償を請求されているし、もちろん、ウチにその分を請求してくれ。何としても支払うつもりだから」
　安江はグラスに口をつけずに、ただひたすら横山に謝罪した。
　かつてウルトラ・データ時代に大規模な情報漏えい事故を経験した安江は情報漏えいの怖さを体験していただけに、独立して明月システムを立ち上げた時から情報管理システムを構築していた。それ故、今回のことは悔やんでも悔やみきれないのだった。
「もちろん、法友から明月に対してきっちり損害賠償請求させてもらうよ。結構な額になるけれどそれは覚悟してくれ。今、弁護士を立てて霧島の訴状を精査してもらっているし、社内のヒアリングもやってるよ。お前のところにもヒアリングすることになるから協力してくれ」
　安江は、どんなことでも協力すると真剣なまなざしで言い切った。
　横山は、安江なら損害額を全額払うと言うことは分かっていたし、また、立場上安江に対して強く言わざるをえなかったが、弁護士からは法友社内の情報管理体制に不備が多いので、霧島に支払う請求額を全額明月システムに請求するのは難しい、と言われていた。
　結局、一口も口をつけずに立ち去った安江のグラスを眺めて横山はつぶやいた。
「俺たちの業界は、情報をいかに効率よく使うかってことだけを考えていて、その情報を大事にすることをいつの間にか忘れていたのかもしれないな。情報からしっぺ返しされたようなもんだ」
「俺も安江もここで踏ん張らないと、クライアントからの信用だけでなく業界全体の信用もこの氷のように溶けてなくなるかもしれない。落ち着い

たら、他の仲間とも勉強会でもやろうか。それにしても痛すぎる授業料だ！」

2　再び明月システム社内

　一柳による情報漏えいの結果、霧島電機から法友システムズに対して損害賠償請求され、その請求額が全額振られれば、もう終わりだという不安と憶測が、明月システム社内に満ちていた。
　安江自身も同じことを身を持って感じていただけに、不安な日々を過ごしていた。そんなある日、横山から電話があり、安江は目をつぶって受話器から流れる横山の声に耳を傾けた。
「何だって！　明月システムの賠償額はそんなもんでいいのか？」
　受話器の向こうの横山によれば、裁判では霧島の請求額の全額は認められない可能性が強いので、霧島と法友は請求額をかなり減額して和解したとのことだった。また、その和解金額を全額明月システムに請求することは難しいとの弁護士のコメントもあり、和解金額の半分を明月システムに支払ってほしいというものだった。
　安江がその場で承諾したのは言うまでもないが、横山の話はさらに続いた。
「お前もそうだと思うけど、一時は会社を畳むことも考えたよ。幸いにして依頼した弁護士が腕利きだったこともあって、和解金額も減額できたから生き返ったけど。ただ、クライアントからの信用はかなり失墜したので、このダメージを払拭するのは簡単ではないな。今までは利益さえ上がればいいと思って走り続けてきたけど、今の時代それじゃ駄目だって気づかされたよ。それでさ、今回のことを教訓にして仲間内で勉強会を開けないかと思っているんだけど、どう思う？　このまま何もしなかったらやばいと思うんだ」
　言うだけ言って横山の電話は切れた。実は安江も同じことを考えていた。明月システムの場合は、設立当時から情報セキュリティシステムがあったにもかかわらず自社の従業員が漏えい事故を起こしてしまった。それなりに気を遣っていたはずなのに、何がいけなかったかを検証して信頼を取り

戻さなければいけないと思っていた。

3　二階堂の提案

　二階堂は、明月システムの総務部の課長で他の従業員からの信頼も厚い姉御肌の女性である。安江が明月システムを立ち上げる時に、安江についてウルトラ・データから移ってきた。また、ウルトラ・データの情報漏えい事故を安江と一緒に対応していたので、安江は明月システム設立時の情報セキュリティシステムの構築を彼女に委ねていた。

　以前から、二階堂は既存のセキュリティシステムの見直しを安江に進言していたが、安江は多忙を理由にあまり取り上げてこなかったことに気づいた。

「二階堂さんからは前からセキュリティシステムの見直しをしたいと言われていたのに、今頃になって相談するのもなんだけど、もう一度詳しく話を聞かせてくれないかな」

「私は、セキュリティシステムは、業種や規模によって異なると思います。社長が独立したころは従業員も少なかったし、扱う仕事も金額も少なかった。それに、今回のように他社に従業員を派遣して業務受託することも想定していませんでした。会社の規則は生き物と同じで現実に合わせた生きた規則でなければ絵に描いた餅になってしまいます」

　二階堂は淀みなく応えた。

「システムの見直しと言っても、うちの場合はハード面の仕組みはある程度できているのでコストのかかる見直しはあまり必要ないと思います。一番必要なのは従業員教育です。新入社員や中途入社の人もいますし、同じ部署で同じ仕事をしている人でも、定期的に教育研修しないと忘れてしまうと思います。教育研修制度を見直すだけでもかなり有効だと思います。費用もそんなにかかりませんし」

　そんな簡単なことに気づかなかったのかと、安江は内心愕然としながら二階堂の次の言葉を待った。

「それにしても今回の漏えい事故は身が縮みました。あの一柳さんが。ところで一柳さんは今どうしているのですか」

「彼は自宅謹慎中だ。この間、辞表を送ってきたが、預かっておくと言ってあるのでまだ辞めていないが、彼としては辞める覚悟でいるよ。根はいいやつだから惜しいよ。だけど、こんなことで名前が広まっちゃったから、業界での転職は難しいだろうな」

黙って安江の話を聞いていた二階堂は、意を決したように背筋を伸ばして安江に向かって凛とした声で言った。

「社長、お願いがあります。一柳さんを辞めさせないでください。彼は明月システムにとって必要な人材です。今の彼には明月システム社内で居場所がないことは重々承知です。もし、セキュリティシステムの再構築を私にお任せいただけるならば、彼をプロジェクトチームのメンバーに加えて下さい。血の通った仕組みにするためには反面教師として彼の意見も参考にしたいと思います。そうなれば彼も社内に居場所ができます。お願いします」

安江は、顔では渋面を作りながらも、やっぱり二階堂に相談してよかったと内心ほくそ笑んだ。

4　情報セキュリティシステムの見直しと一柳

「どうして俺がセキュリティシステム見直しメンバーに選ばれたんだろう？　一番ふさわしくないのに。二階堂さん、何か仕掛けたの？」と一柳は困惑しながらも安堵の表情で二階堂に尋ねた。

「何言ってるの、何も仕掛けてなんかいないわよ。まっとうに考えたら、あなたの意見を聴くことが正解に辿り着ける一番の近道だって閃いたの。だって、あなたは当事者なんだから自分の行動を思い出して、あの時こうすれば良かったって毎日考えていたんでしょ？　ネガティブリストって大事な財産よ。それをチームに開示して。それとも、あなたの大事な営業秘密だから開示できない？」

「心臓に悪いから悪い冗談は止めてくれよ。いいよ、俺の経験で良ければつつみ隠さず何でも開示するよ」

「当たり前よ！」

二階堂はわざと一柳を睨んだふりをしたが、その後2人は笑い合った。

声を出して笑うのは何か月ぶりだろうと一柳は思った。
　一柳が、セキュリティシステム見直し会議で語ったことは以下のとおりである。

1　情報セキュリティシステムの規程があることは知っていたが、内容は知らなかった。入社時に一度だけ研修を受けてその後10年間一度も研修を受けたことがない。
2　派遣先で仕事をするときには、派遣先ごとに秘密保持契約や差入書への捺印を要求されるが、内容を意識せずに印鑑を押していた。
3　自宅に仕事を持ち帰ることがほとんどだったが、誰にも咎められないし、危険なことだと思ったことはなかった。ルールがあればそれに従うが、ルールの存在を知らなかった。
4　一般研修とは別に、常駐先に出向くことが決まった人に対して、情報セキュリティの研修をしてもらいたい。改めて注意事項を認識できる。

　一柳が、4番の話をしたときに、二階堂が言った。
「一柳さん、それよそれ。こんなことを言えるのは経験者のあなたしかいないわ。あなたに参加してもらって良かった。血の通った規則を作れるわ。あなた、自宅謹慎期間中にウサみんばかり追いかけていたのかと思っていたけど。いろいろ考えていたのね」
「なっ、なんだよ、ウサみんって……」
　一柳は狼狽え、「（心の中で）ウサみんについては誰にも言っていないはず。誰から俺の秘密情報が漏えいしたんだ。自分の情報管理体制も早急に見直さなければ」と強く感じた。

　それから数週間後のこと。
　一柳の家に「投資マンションのご案内」との不動産会社からDM（ダイレクトメール）が届いた。一柳には、そのような資料の送付を頼んだ覚えはなく、違和感を覚えたが、内容に興味がなかったため、封を開けることもなくゴミ箱に捨てた。
　翌日、一柳は会社に出勤し、二階堂から指示があった中途採用者向けの

情報セキュリティの研修の資料作成をしていた。そこに、二階堂が慌てて一柳のもとに駆け寄ってきた。
「一柳さん、ウさみんが大変なことになっているわよ」
　一柳は、突然「ウさみん」の単語を聞き、平静を装うとしたが、二階堂の慌てぶりを観て、「どうしました。そんなに慌てて」と二階堂に返した。
「一柳さん、今すぐネットのニュースを見てみて！　ウさみんのファンクラブの個人情報が漏えいしているそうよ！」
「な、何だって！」
　一柳は、ニュースサイトのトップニュースを確認した。
　そこには、『ウさみんファンクラブ　会員情報流出』との見出しが掲載されていた。

　インターネットの記事によると、ウさみんのマネージャーをしている50代の女性が、2017年4月頃に、お金欲しさに、ウさみんのファンクラブの会員情報を、名簿屋に売っていたとのことだった。流出件数は、10万人にものぼり、名簿屋から不動産会社等に転売されていたとのことだった。
　一柳は、この記事を読み「そういえば、昨日不動産会社からマンションの購入案内DMが届いていたけど、もしかして……」と独り言をつぶやき、青ざめていた。二階堂にも、その独り言が聞こえたが、今回ばかりは聞こえないふりをしていた。

　その日の午後、KAGUYAの運営会社の記者会見が開かれ、その様子がTVやインターネットを通じて中継された。また、イベントに参加していたウさみんへの囲み取材の様子も中継され、一柳も、二階堂に見つからないように研修の資料を作成しているように装い、記者会見やウさみんの中継を観ていた。
　記者会見の中で、運営会社は、第三者委員会を立ち上げ原因の究明・再発防止策の検討、漏えいした情報の回収を早急に行うとともに、被害に遭われた方への補償、漏えいした方へのお詫びとしていくらかの金銭を支払

う旨、また、漏えいを行ったマネージャーを懲戒解雇し、刑事告発を行うことなどが発表された。
　これを観ていた一柳は、「個人情報が漏えいするとヤバイことになるな。そういえば、Xプロジェクトで個人情報を取り扱っていたな。個人情報の取扱いについても、体制を整えないと大変なことになるぞ」と独り言をいい、「二階堂さん、秘密情報の管理体制も必要ですが、私の経験則上、個人情報の管理体制についてもしっかりと整備していく必要があるのではないかと考えています。秘密情報の管理体制の整備と併せて個人情報の管理体制も是非整備しましょう！」
「私も、個人情報の管理体制についても整備していく必要があると感じていたわ。そうね、この際、一緒に体制を整備していきましょう。個人情報についても、是非、一柳さんのお力をお借りしたいわ！」
　と二階堂。
　これを聞いた一柳は、「もちろんです！　身命を賭して、この会社のために働かせていただきます。でも、その前に、休憩に行ってきますね」
　と、ウサみんファンクラブの漏えいに関する相談窓口の電話番号が記載されたメモを持ち、休憩室に消えていった。
　その後ろ姿を見送った二階堂は「一柳さんは、まだまだ自分の情報管理が甘いわね」と、自分の手帳を開きこれからのスケジュールを確認した。そこには、ウサみんと二階堂が一緒に写った写真が挟まっていた。これからのスケジュールを確認し終わると、もうひと頑張りと気合いをいれて仕事を再開した。
　東京ドームの握手会には二階堂も参加していた。たまたま会場で一柳を見かけ彼の秘密を知ったことは、まだ本人には知られていない。

ADVANCE②
私物端末の持込みについて

　営業秘密の漏えいは、自社の役員や従業員だけとは限りません。委託先からも漏えいすることがあります。

　通信教育大手B社の委託先の元従業員Xが、B社の顧客の個人情報（以下「顧客情報」といいます）を流出させた事件は、記憶に新しいのではないでしょうか。元従業員Xは、約2,990万件もの顧客情報を名簿業者3社に売却し、ライバル企業等が当該名簿を購入し、実際にダイレクトメール（DM）の送付に当該名簿情報を利用していました。

　顧客情報を流出させたXは、不正競争防止法違反に問われ、懲役3年6月、罰金300万円が言い渡されました（東京地裁立川支判平成28・3・29公刊未掲載。控訴中）。

　また、顧客情報が流出したB社では、顧客情報の漏えいが確認できたお客様に対し、お詫びの品として500円分の金券の配布を行いました。このお詫びの対応費として200億円、また、お客様へのお詫びの文書の発送費用およびお客様への問合せ対応費ならびに後述の個人情報漏えいの調査・セキュリティ対策費として約60億円、合計約260億円もの費用を要しました。

　ところで、Xは、どのように個人情報を外部に持ち出したのでしょうか。B社の報告資料によると、Xは、業務用パソコンからUSBケーブルを用いて私物スマートフォンに個人情報を転送し、その内蔵メモリに記録する等の態様により、個人情報の外部への持ち出しを行っていたといいます。

　職場に私物のパソコンや記録媒体を持ち込んでいる方も多いと思います。私物のパソコン等の電子機器およびUSBメモリ等の記録媒体の持込みの許容は、営業秘密の漏えいにつながる可能性があるため、社内への持込みを禁止する必要性が高いと考えられます。私物の電子機器や記録媒体については、セキュリティレベルが適切でなかったり、そもそもウィルスに感染しているといった可能性があり、意図しない営業秘密の漏えいが生じて

しまうリスクがあります。また、私物の電子機器や記録媒体については、情報のやりとりについてモニタリングをすることもできないため、営業秘密の持出しを容易にしてしまうことも考えられます。特に、スマートフォンやタブレットについては、カメラ機能を利用して容易に情報を持ち出すことが可能です。そこで、基本的に私物の電子機器や記録媒体持込みは業務上必要でないことが多く、持込みを禁止にすることが考えられます。持込みを許容するとしても、許可制にするなど、私物電子機器や記録媒体の管理を行うことが大切となります。

もっとも、スマートフォンの持込みの禁止は、家庭からの緊急の電話に対応できなくなってしまう等の不利益が生じることが考えられます。そこで、そのような緊急の連絡を取り合うことができる代替措置を講じる必要もあります。持込みを禁止することによって生じる不利益も考慮した上で、営業秘密の漏えい防止を行うことを忘れてはなりません。

また、持出しの禁止措置だけではなく、持ち出された際にいち早く気付く体制の整備を行い、事後の対策も併せて行うことが大切です。

なお、B社では、業務スペースへの私物である電子機器、記録媒体の持込みの禁止、監視カメラの導入を行ったほか、業務端末の外部記録媒体との接続禁止措置、大容量のデータのアラート機能の設置、アクセスログの定期チェックを行う等の対策を講じています。

また、2017年5月30日に「個人情報の保護に関する法律」（以下「個人情報保護法」といいます）の改正法が施行されました。

改正案の検討中に、B社顧客情報漏えい事件が発生し、急遽、改正案に個人データ（個人情報データベース等に含まれる個人情報）の第三者提供時のトレーサビリティ制度（提供者には提供先等の記録、受領者には取得の経緯等の確認・記録義務が課されています）および個人情報を不正利用目的で提供・盗用する行為の刑事罰化（個人情報データベース等提供罪）が追加された経緯があります。

なお、改正個人情報保護法の施行により、ビッグデータの利活用が図れるようになる一方で、個人情報の取扱いがより厳しくなり、旧個人情報保

護法で同法の適用を受けていなかった多くの中小企業や個人事業主（取り扱っている個人情報の個人の数が 5,000 を超えないとき）が、改正個人情報保護法の規定に従った個人情報の収集、利用、保有および提供が必要になりました。今後、個人情報の取扱いに関しては、不正競争防止法だけではなく、個人情報保護法に従った社内体制を整備し、個人情報の収集・利用・保有および提供を行う必要があることに注意しなければなりません。

（参考）

① 2014 年 9 月 10 日付「お客様情報の漏えいに関するご報告と対応について」（㈱ベネッセホールディングス）

http://blog.benesse.ne.jp/bh/ja/news/m/2014/09/10/docs/20140910%E3%83%AA%E3%83%AA%E3%83%BC%E3%82%B9%E2%91%A0.pdf

② 2014 年 9 月 25 日付「個人情報漏えい事故委員会による調査結果のお知らせ」（㈱ベネッセホールディングス）

http://blog.benesse.ne.jp/bh/ja/news/m/2014/09/25/docs/20140925%E3%83%AA%E3%83%AA%E3%83%BC%E3%82%B9.pdf

■【サンプル】秘密保持誓約書

秘密保持誓約書

○○株式会社
代表取締○○○○殿

私は、○○株式会社（以下「当社」といいます）が△△株式会社（以下「委託者」といいます）から受託した□□□□業務（以下「本業務」といいます）を、当社の従業員として実施するにあたり、以下の事項を厳守することを誓約いたします。また、本誓約書の写しを委託者に提供することについても同意いたします。

1. 本業務の実施中は勿論、本業務からの離脱後、又は本業務の終了後も、次の各号の情報（以下「秘密情報」といいます）が秘密であることを認識し、秘密情報を社外、社内を問わず本業務に関与していない第三者に開示又は漏えいせず、また、本業務の実施以外の目的には使用しないこと。
   (1) 本業務にかかる当社と委託者との契約内容に関する情報
   (2) 本業務の実施に際し知り得た、当社又は委託者若しくは本業務にかかる委託者の顧客（以下「委託者顧客」といいます）の技術上、営業上の資料、データその他一切の情報
   (3) 本業務の実施に際し知り得た、当社又は委託者若しくは委託者顧客に関する個人情報（個人を識別できる情報をいい、当該情報のみでは特定の個人を識別できないが、他の情報と容易に照合でき、それにより特定の個人を識別できる情報を含む）
   (4) 当社又は委託者若しく委託者顧客が秘密情報として指定した情報
   (5) 前各号の一に類する情報

2. 当社及び委託者の事前の承諾がある場合を除き、秘密情報を、本業務の実施のために必要な範囲を超えて複製又は複写せず、また、本業務の実施場所から持ち出さないこと。

3. 本業務の遂行過程における秘密情報の取扱については、当社及び委託者の指示を遵守すること。また、当社若しくは委託者により返還を要求された場合、本業務から離脱した場合、又は本業務が終了した場合は、秘密情報、その複製物及び複写物並びにそれらに関する一切の情報を直ち

に返還、廃棄又は消去すること。
4．当社を退職した後においても、○年間は、秘密情報を第三者に開示又は漏えいしないこと。
5．前各項のいずれかに違反した場合、当社が、私に対し懲戒処分、損害賠償請求、刑事告訴等の責任を追及することを承知し、当社が被った一切の損害（訴訟関連費用を含む）を賠償すること。

以　上

年　月　日住所：
　　　　　氏名：　　　　　　㊞

第3講 製造業大手の情報管理
——既存の情報管理体制の実効性確保

---— **本講のねらい** ———

　第1講に登場したコイズミスクリューは情報管理体制を一から構築していた。これに対して本講では、すでにある程度の情報管理体制を構築している企業が、どのように情報管理の実効性を確保していくかを、ストーリー仕立てでまとめている。製造業を営む大企業（従業員が数千人規模以上の会社を想定している）において、懸念される情報管理のテーマについて紹介する。

---— **設　定** ———

　舞台は、国内大手の重工業メーカー「東京重工業株式会社」。ある日、若手営業社員の長岡は、上司に資料作成を命じられたことで、情報管理の重要性に気づくことになる。口うるさくも仕事には抜けがない法務部の藤沢や、エリート社員の宮城といった、大企業のさまざまな部門の社員が、情報管理体制の効率化に向けて、部門の垣根を越え、一丸となって取り組むことの重要性を描いている。

---— **主な登場人物** ———

○長岡——エネルギープラント営業部若手社員

　27歳。当初は情報管理規程の存在・内容を知らないが、必要性に徐々に気付いていく。

○山形——エネルギープラント営業部課長

　44歳。せっかちで怒りっぽい、単身赴任中で家族とのコミュニケーションのためSNSを利用している。

○藤沢——法務部中堅社員

32歳。監査事務局も担当、言うべきことははっきり言う性格で、仕事には真面目で厳しい。

○宮城──エネルギープラント開発部課長

37歳。製造部→営業部→開発部と経験を積むため複数の部署を異動するスーパーマン、長岡など若手から見ると、面倒見が良く、頼りになる先輩である。

○秋田──総務部 女性中堅社員

31歳。監査事務局も担当、2011～2012年頃に総務部に異動し、2012年頃の情報管理規程の改定に従事、情報管理規程の改定には熱心に取り組む。

○千葉──エネルギープラント開発部 取締役

55歳。大阪工場での製造プロセス開発→開発部技術者→開発部長を経て、東京重工の取締役に就任、部下からの信頼も厚い一方で、社内で派閥を作るのにも長ける切れ者である。

○野田──エネルギープラント製造部 中堅社員

31歳。製造部時代の宮城の後輩。新卒からずっと東京重工に在籍しているが、目立たない存在である。

第3講 製造業大手の情報管理──既存の情報管理体制の実効性確保

■**登場人物　相関図**

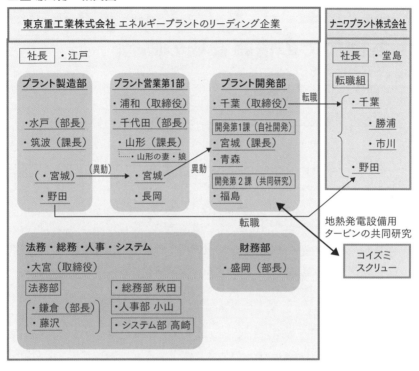

CHAPTER1
▶ 各部門での情報管理の励行

1　新プロジェクト始動

　東京重工業株式会社エネルギープラント営業第1部に所属している長岡は、今年で入社5年目だ。彼の上司である課長の山形は、情報管理の必要性が分からないばかりか、情報管理規程の存在すら知らない模様。せっかちな山形は、ともに営業活動を行う長岡に対して、いつも「早くしろ」の一点張りだ。
　そんなある日、長岡は、山形から、東南アジア向け地熱発電設備拡販のプロジェクトの立ち上げのため、営業部門、管理部門、製造部門など複数の部署が参加する戦略会議で使用する、会議資料の作成を命じられた。
「長岡君、以前、違う会議で作成した資料の電子ファイル、今から送るから、参考にしてよ」
　そう言った山形から送られてきた電子ファイルを開くと、欄外右上に「東京重工 CONFIDENTIAL」の文言、左上に「マル秘」のマークがすでに印字されていた。
　（……欄外のヘッダーが最初から設定されているけど、そーいえば、これ、何なのかな？　良く分からないけど、ウチの会社の人、このヘッダー使いたがるよな。まあ、邪魔だけど、変えると課長がうるさそうだし、このファイルの本文を全部消して、そのまま使えばいいか。）
　戦略会議当日、長岡と山形、それに同じくエネルギープラント営業部長の千代田の3人が、会議室に入ると、そこには法務部長の鎌倉とその部下の藤沢などの管理部門に加え、製造部長の水戸とその部下数人がすでに席についていた。
　（……あれ？　あの人、たしか野田さん？）
　部下と談笑している水戸から少し離れた席に、製造部所属の野田が座っていた。長岡からすると、野田は、2つ入社年次の離れた先輩で、一度会

社の懇親会で飲んだことがあるが、一言二言喋った程度で、正直なところ、野田の顔を見るまで、今の今まで記憶から消えていた。

会議が始まると、それぞれの部門の部長が主となって、議論が進んでいった。水戸のプレゼンの際に、製造部門の資料をぱらぱらと見ていた長岡の目の中に、製造部門からプロジェクトに出すメンバーとして、「野田」の名前が飛び込んできた。

（へぇー。野田さん、結構やるなぁ。）

今回のプロジェクトは、東南アジア向け地熱発電設備の拡販だ。製造部が言うには、発電効率が30％ほどアップするとのことだった。それに、あの「影の薄い野田さん」が関わっていることで、長岡の野田への関心が少しばかり高まったのだった。

2時間にわたる戦略会議で、長岡の作成した資料はところどころ他部署からの指摘を受けたものの、会議自体は何とか乗り切った。疲れた長岡は、戦略会議の資料を机の上に置いたまま、早々に会社を後にした。

2　法務部員　藤沢

翌日出社すると、同じ会議に出席していた法務部員の藤沢が腕組みをして長岡を待っていた。細かい所まで気が回る一方で、融通の利かない男だ。昨日の会議に関しての質問だろうか。すると、突然、藤沢が「あのさぁ。たまたま近くを通りかかったんだけど、この資料、マル秘が付いているのに机に放置しているのはマズいんじゃないの？」

「は？　何？」

まだエンジンのかかっていない寝ぼけた長岡の頭では、とっさに藤沢が何のことを言っているのか理解できなかったが、藤沢の追及は容赦がない。

「情報管理規程では、マル秘を付けた資料は施錠管理しなきゃいけないんだよ。たとえば、他にも役員会議の資料は会議終了後回収しなければならなかったり、それぞれの資料には決められた管理ルールがあるんだよね。長岡君、昨日は、デスクの上に、この資料を置いたままにして帰ったってことだよね？　清掃の業者さんとか、定時後に掃除に来てくれるの知ってるよね？　警備員さんも巡回してくれてるよね？　でもね、マル秘の資料

が、外部の人の目につくところに置かれてるのは、困るんだよ。今後、絶対ないようにしてよね」

> **ONE POINT　「情報管理規程」とは？**
>
> 　ここでいう「情報管理規程」とは、営業秘密の管理に関して、必要な事項を定め、会社にとって重要な情報を適切に管理することを目的とする社内規則の一種を指します。
> 　「情報管理規程」、「営業秘密管理規程」など、会社によって呼び方はさまざまですが、本章以降に登場するような大企業であれば整備されていることが一般的で、共通項目としては、①営業秘密の管理方法が規定されていること、②全従業員・役員の遵守が求められること、の２点が挙げられます（「秘密情報の保護ハンドブック」21頁参照）。

　藤沢は、言いたいことを全部言うと、きびきびと足早に去って行った。よく解らない理由で説教を受けた長岡は、ためしに、社内のイントラネット上にアップされている情報管理規程を読んでみた。確かに秘密区分の表示の仕方や管理等細かく定められている中で、「『秘密』区分の資料は施錠管理のこと」と書いてあった。
（あ、この前の資料の欄外に付いてた文言って、もしかして、この規程が基になってるのか？こんなこと書いてあるけど、ウチの部、この規程に沿った管理なんてできてるのか……？）

　まだ始業まで、少し時間がある。長岡は、ためしに情報管理規程に沿った管理ができているか営業部の書庫を開けてみた。
（やっぱり、できてないな。このままだと、また、藤沢さんに文句を言われる……。）

3　長岡の迷走

　悩んだ末、長岡は、千代田部長と山形課長に、書庫に保管している資料の守秘区分の変更ができないか聞いてみた。山形は怪訝そうな顔をしたが、千代田から「確かに情報管理規程に合わせてウチの部署の営業秘密とその

守秘区分を設定しろと何年か前に情報管理委員会に言われて台帳を作成したが、忙しくて何も変更しないまま、それっきりだな。長岡君もやる気みたいだし、お願いしよう」と言われたので、まずは守秘区分の変更とそれに合わせた管理を行うことにした。その中で、藤沢が言っていた役員会議の資料も見つかったので、藤沢に確認しながら、その資料を廃棄するなど、資料の整理も行った。一方、3年前の販売計画資料は今となっては古新聞であり、守秘区分を下げても問題ないだろうと考えた。

> **ONE POINT　営業秘密の守秘区分とは？**
>
> 　情報管理規程では、「極秘」、「秘」、「社外秘」などの守秘区分に関する規定が定められることが、一般的です。
> 　ただ、「極秘」などの守秘区分の定義自体は、各社の都合上、少々曖昧に設定されることが多く、従業員にとっては「自分が作成・受領した情報がどの区分に該当するのか？」が判断しにくいものとなっています。この問題に対応するために、守秘区分の具体例を列挙した「台帳」等が各社において別途定められ、管理責任者である部門長が、適宜、管理すべき情報の追加・修正を行い、従業員はその具体例を参考にして、各情報の守秘区分を判断し、当該区分に応じた管理方法を選択しているものと思われます（「秘密情報の保護ハンドブック」21頁〜22頁参照）。

　手際よくファイルの山を整理していく、長岡の目に一つのファイルが留まった。
（何々？　『米国商社利用記録　20××年度版』？　これって、山形課長が、千代田部長とよく話をしている案件と関連する資料か……。たしか、『米国販路拡大プロジェクト』が、例の案件の正式名称だったよな。山形さんがせっかちで、何かと「すぐ持って来い」ってうるさいからな。とりあえず、この資料は守秘区分を下げて「社外秘」にでもして管理しておけば、今後、持ち出しもしやすくなるかな……。）

　1週間後、千代田部長が、山形に何か話をしている。その後、山形から

指示が飛んだ。
「長岡君、米国の商社のデータを持ってきてくれ」
あの利用記録だ、この前整理したのですばやく山形を通し部長に渡したところ、千代田が「この資料、何で『社外秘』扱いになってるんだ！ これは『秘密』区分にしておけと言ったはずだ！」山形はちらちらと長岡を見る。
（何？オレのせい……？）
自分の仕事にケチをつけられた長岡が凹んでいると、隣に座る先輩の宮城が声を掛けてくれた。宮城は技術畑ながら市場のニーズをつかむべく製造部から営業部に3年前から異動してきたエネルギープラント事業部のエース候補だ。仕事ができるだけではなく、面倒見も良い先輩だ。先輩にその話をしたとき、
「あの報告書は、米国内のどの商社と取引しているとか、どんな技術を開発しているとか、何が売れていて、何が売れていないとか他の部署に知られちゃマズい数値が書いてあっただろ。だから『秘密』区分なんだよ」
と宮城に言われ、長岡ははっと気づいた。今まで上司の仕事の効率性を考えて守秘区分を整理していたが、そもそも秘密にしなきゃいけない資料だってあるはずだ。長岡はもう一度守秘区分の見直しをすることとした。

4　失態、改善、整理整頓

ある日、長岡が出張に出ているとき、山形が米国の商社のデータを見たいと思い、宮城に「アメリカの商社のデータをまとめた書類はどこだ」と尋ねた。宮城は「あの資料は『秘密』区分なので、施錠管理しています。鍵を取ってきますので少々お待ちを」と言ったが、せっかちな山形はイライラしながら「早くしてくれ。何で鍵かけなきゃならんのだ」と怒鳴った。
宮城は足を止め、まっすぐ山形を見て言った。
「『秘密』区分の資料は施錠管理しなくてはなりません。情報管理規程に書いてあります。規程の内容はご存知ですよね？」
そこに千代田がやって来て言った。
「山形君、米国販路拡大プロジェクトの資料はその辺に放っておかれると

困るんだ」

　宮城はすかさず、この前叱責を受けた長岡のフォローを入れる。
「何？　長岡君がちゃんと鍵をかけて保管している？　この前指摘したことをきちんと実践できているみたいだな。よろしい」

　長岡が書庫の整理を行ったことで、営業第1部以外の営業部でも資料が整理されることになり、千代田部長の発案でファイルインデックスを貼って関連資料の所在が一目で分かるようになった。

NOTE

1　情報管理規程の重要性

(1)　なぜ必要なのか？

「情報漏えいって、悪い事をした従業員や会社に差止請求・損害賠償請求すれば大丈夫でしょ？」という意見をお持ちの方もいるかもしれませんが、それは違います。まず、理解していただきたいのは、「情報漏えい時の被害回復の難しさ」です。

　差止請求を行っても、企業の外に漏えいした情報のすべてを、必ずしも完全に回収・消去できるわけではありません。なぜなら、インターネットを通じた情報漏えいの場合、SNS（155頁）、クラウドサービス、電子メールなどを通して、日常的に、国内外のあらゆる場所で大量の情報が流通している現代社会では、いかなる法的措置を行っても、これら情報の流通を完全にストップさせることは不可能なためです。

　なるほど、役員・従業員の引抜きにより競合企業が自社の技術情報を流用した場合など、インターネットを通じた情報漏えいではない場合では、早い段階でその流用の事実に気づければ、自社情報の回収が可能かもしれません。しかし、このような「気づきの端緒」は、「自社が研究開発中の技術を、他社が先に発表した」、「自社固有の技術を、他社が製品化した」といった事実に対し「何かおかしい」という疑問からですが、「競合企業も常に新技術の研究開発をしている」中では、実際には他社製品リリース時、つまり情報漏えいの早期の段階で「自社の情報が漏えいした」と判断して調査を開始す

ることは難しいものです（190 頁 **NOTE** 18 参照）。
　この回収・消去の不確実性に加えて、損害賠償請求のハードルも非常に高いと言わざるをえません。損害賠償請求を行うためには、たとえば
- ➢ 誰が何の情報をいつ持ち出したのか？
- ➢ どこの企業が不正に自社情報を使用したのか？
- ➢ どの製品にどのように自社情報が使用されたのか？
- ➢ それにより企業に具体的にいくらの損害が発生したのか？

といった点を、被害者が裁判で証明する必要があります。この「立証」には膨大かつ詳細な証拠収集が必須で、特に「どの製品にどのように自社情報が使用されたか」は、不正に使用した他社、すなわち加害者がその証拠を有することが一般的で、証拠収集が非常に困難です。この点、不正競争防止法では、「原告の立証が多少容易になる」旨の改正が 2016 年 1 月に施行されましたが、この改正がどのように裁判に影響を及ぼすかは未だ不確実であるため、会社としては慎重に対応せざるをえないのが実情です。

　さらに、「本当に営業秘密として適切に管理されていたのか？」という加害者の反論が予想され、当該反論に対処するためには情報漏えい前の対策が必須となります。

　とすれば、「漏えい後の法的措置があるから大丈夫」と安易に考えるのではなく、「漏えい前」の社内における情報管理に重点を置く方が、確実性やコストの点で、非常に合理的です。ここに、全社における統一的な営業秘密の管理について定めた「情報管理規程」の必要性があることになります。

(2) 何が書いてあるのか？

　役員・従業員等で、規程の遵守が求められる立場で読むべきポイントは、次のような点です。
- ➢ 目的
- ➢ 対象範囲
- ➢ 用語の定義
- ➢ 情報ごとの守秘区分と、その守秘区分に応じた管理方法
- ➢ 従業員として順守すべき義務
- ➢ 退職時に順守すべき義務
- ➢ 第三者（e.g. 他社）から受領した情報の取扱い
- ➢ 違反時に適用される罰則

　担当役員・各部署の責任者など、一定の部署における情報全体を管理する立場としては、上記に加え、以下のようなポイントも確認しておく必要があ

ります。
　➤情報管理責任者は誰か（もしくは、どこの部署か）
　➤情報管理責任者の権限
　➤定期的な監査・モニタリング

2　情報管理規程の周知・理解度と実施状況

(1)　従業員は情報管理規程の内容を理解しているのか？

　この点に関して、2013 年（平成 25 年）3 月付の『人材を通じた技術流出に関する調査研究報告書（別冊）』の中で、三菱 UFJ リサーチ＆コンサルティング株式会社が実施したアンケート（以下、「三菱 UFJ アンケート」）によれば、「社内規程上で定めた管理ルールはどの程度厳密に運用されていると考えるか？」との質問に対し、従業員 3001 人以上の企業においては、約 90％の企業が「徹底して運用されていると思う」もしくは「ある程度厳密に運用されていると思う」との回答となっています（「三菱 UFJ アンケート」5 頁・81 頁）。

　しかし「例えば、監査・モニタリング、教育・研修の実施など、情報管理規程に基づく社内業務を実施しているか？」という質問に対して、「実施している」と回答した企業は、全体の約半数にとどまっています（「三菱 UFJ アンケート」8 頁・82 頁）。このことは、情報管理規程を整備している割合に対し、その規程の周知徹底や監査・日常的なモニタリング等の実施割合が低いことを示しており、情報管理規程に沿った管理措置が十分でない可能性があります。従業員の立場からすれば、情報管理規程に触れる機会が少ないために、内容が十分に理解できていない可能性があり、少し大げさに言うと、「知らない規程が存在している」状況かもしれません。

(2)　「知らない規程の存在」からどんな問題が生じるのか？

　完璧なルールを整備しても、従業員がそのルールを認識せず、または無視して、日々の業務にて発生・受領する情報を取り扱えば、必ず管理に穴が生じ、情報漏えいのリスクが増加します。

3　従業員の理解度を高めるためには？

(1)　情報管理規程の存在・内容の周知

　情報管理規程の存在・内容を、全役員・従業員に周知する上で、最初に思い当たるのは、情報管理規程の存在・内容に関する研修・教育の実施です。

その際、
- ➤自社の情報管理の失敗事例
- ➤競合他社や関連する業種で話題になった判例
- ➤管理規程違反時の処分

について触れると、心理的に、従業員の関心を引く一つの要因になるかもしれません。

研修のタイミングとしては、次のような例が考えられます。
- ➤入社時
- ➤部署異動時
- ➤特別プロジェクト（新規事業、M&Aなど）参画時
- ➤管理職昇格・役員就任時
- ➤国内外への転勤時
- ➤数年ごとの定期的な研修時

また、全従業員を対象にした定期的なeラーニングを実施し、認識・理解の向上を図ることも選択肢の一つです。なお、eラーニングの導入まで実施せずとも、社内のイントラネットの比較的注意を引く場所に、情報管理規程と、同規程に基づいた情報管理マニュアルの掲載も、従業員の認識を向上させる意味では有効な手段です。

(2) 従業員に自発的な管理を実施してもらうためには

ただ、従業員の理解度の向上だけで情報管理が機能するわけではありません。

ストーリーの最後で、長岡や千代田部長が、情報管理措置を実施していますが、本来は会社が指摘をせずとも、個々の従業員が主体的に情報管理措置に取り組むのが理想的な管理状況といえます。

それでは、従業員の主体的な情報管理により彼らが得るメリットとは何でしょうか？

それは、「不要なものを廃棄し、必要なものは決められた場所に保管することで、いつでも取り出せる状態にできるようになる」ことではないでしょうか。ストーリー中の長岡の描写にもあるように、整理・整頓作業は、業務の無駄を省くために実施するもので、一般的に「5S」（整理、整頓のほかに、清掃、清潔、躾を加えたもの）と呼ばれるスローガンの一要素です。会社としては、このようなスローガンを徹底する一環として情報管理を組み込めば、従業員の抵抗感も少ないかもしれません。

CHAPTER2
▶ 情報管理体制の改革

1　長岡、情報管理委員会へ

　1か月後、長岡が出社したとき、宮城先輩から、「長岡君、実は僕は来月開発部に異動になるので、情報管理委員を引き継ぎたいんだけど」と話があった。どうやら宮城は営業部での職務を踏まえ、いよいよ事業の本丸である開発部の課長に抜擢されたようだ。

　情報管理委員会の存在すら知らなかった長岡は、宮城からの引継ぎもそこそこに情報管理委員会に出席することとなった。

　情報管理委員会は総務・法務の担当役員である大宮取締役を中心として、会社組織のあらゆる部署から1名ずつ派遣されているようで、中にはあの法務部の藤沢のほか、人事部、財務部、製造部、さらにはエネルギープラント開発部の人間もいる。エネルギープラント開発部の福島は同期入社だが、合理性を追い求める性格であり、弁も立つことからしばしば長岡に皮肉めいた口ぶりで話してくる存在だ。

> **ONE POINT　見直しの主体となるのは誰が良いか？**
>
> 　情報管理規程を含む社内規則の改定には、各企業の経営層の承認など、経営層の一定の関与が必要になります。そのため、情報管理・セキュリティを担当する役員（Chief Information Security Officer, CISO）を任命・導入する企業が増えています。
>
> 　この経営層の関与を前提として、情報管理を監督する委員会などの中心となる部門を設置し、情報管理規程の改定を進めることが、混乱の発生・コストの増加を防ぐ上で重要です。そして、この委員会の構成メンバーは監査部・法務部など、本来業務として社内規則・情報管理規程に関わる部署だけでなく、営業、研究、製造、人事、経理、財務などの各部署から担当者を募る必要があります。これは、規程の見直しを、「管理する側」の自己満足で

> 終わらせるのではなく、「管理される側」に当事者意識を持ってもらうことで、より実効的にするためです（「秘密情報の保護ハンドブック」95頁以下、102頁以下参照）。

　そうこうしているうちに委員会が始まった。その内容は、来月、情報管理委員会のメンバーが事務局を務める書庫管理監査を手元の資料の通り実施する旨の通知だった。東京重工では、こうした監査が行われる場合、事前に1か月ほどの準備期間が設けられることが通常である（152頁NOTE 6 参照）。

2　整理整頓、再び。そして監査へ

　長岡はさっそくこの通知について山形に報告したところ、数週間は繁忙期で手元に資料を保管したいので、監査前1週間で部員の若手によって書類の並べ替えを実施するように、と指示を受けた。たしか去年も宮城の指示で監査の少し前に残業して書類の並べ替えを実施したことを思い出した。面倒な話だ、監査の時に慌てて管理するなら通常から管理しておけば良いのに……。ところが、そのような思いとは裏腹に、結局書類の並べ替えは監査前日に行われることとなった。

　翌日、監査が実施された。監査事務局は情報管理委員会所管である総務部の女性社員秋田とあの藤沢だ。控えめで大人しい印象の秋田と同行しているからか、藤沢の表情もいつもより活き活きとしているように見えるが、前日の若手の頑張りもあってスムーズに監査が進んでいく。

　その時、藤沢の足がぴたっと止まった。

「この書架さぁ、扉に格納されているファイルのインデックスが貼られているけど、この『東南アジア A–1 プロジェクト』って、この前の戦略会議で話し合ってた『東南アジア向け地熱発電設備拡販関連資料』のことだよね？　あのプロジェクトって、前も言ったように、『秘密』区分の資料だったよね？　どんなマル秘資料が格納されているか外部の人間に見えるんじゃないの？　マル秘資料は外から見えたらマズいと思うんだけど」

　確かにその書架は部長である千代田の指示もあり、検索時に内容を確認

しやすくするとの意味もあって、「東南アジア A–1 プロジェクト」などのように直接的な表現を避けた名称で、関係者にしか内容が理解できないようなファイルのインデックスが扉に貼られていた。しかし、鍵は掛けていたし、ファイル表紙にもマル秘資料であることは明確に書かれている。

一連の監査が終わり、最後に講評を受ける。藤沢はやはりファイルのインデックスについて指摘してきた。

「えーっと、マル秘資料は外部の目に触れないように管理すること、としているので扉に貼ったファイルインデックスは剥がすこと」

長岡は愕然とした。

（通常施錠管理していればそのファイルは関係者以外には閲覧できないはずだし、この前のプロジェクト会議であっても、机に放置はご法度でも、ファイルを机の脇に置いて仕事する時にそのタイトルが関係者以外から見えることだってあるはず。情報管理規程を考慮して、ファイルの名称も直接的な表現は避けているし、そんなぼんやりした名称を列記しただけのインデックスが、なぜそこまで目くじらを立てて指摘されないといけないんだ。そもそも、千代田部長の指示でファイルインデックスを扉に貼っているのに、勝手にファイルインデックスを剥がそうものなら、千代田部長はまた怒り出すだろう……。）

3　秋田の思案

一晩考えた上で、長岡は藤沢ではなく、総務部の秋田に思い切って相談することとした。「秋田さん、昨日の監査で藤沢さんから『ファイルインデックスを扉に貼るな』との指摘があったのですが、そもそもこれらのファイルは背表紙だけで中身は分かりませんし、保管されている状態ではその中身は見えないと思うんです。『秘密』区分の資料はその資料を使って仕事をする時にも他の人に見えないように管理しなくてはならないものなのでしょうか？　もし違うのであれば、昨日の指摘については変更を検討いただけないでしょうか？」

総務部の秋田は営業部である長岡が監査について相談したいと聞いてびっくりした。書庫管理監査はいわば「定例業務」であり、適当に監査を行えば各部署で「よしなに」対応してくれるものだと思っていたからであ

る。実際、情報管理委員会事務局を担当してここ3年、特段の相談は一件もなかった。

　秋田は長岡の相談を受けた後、少し考えてみた。たしかに各部署では監査での指摘事項に「よしなに」対応してくれてはいるものの、実際のところ、問題意識を持っていないのだろうか。そして、事務局として休系的に監査を行っているわけではなく、その時の監査事務局に一任して、1か月もの準備期間の後に監査を行っている中で、そもそもこの監査は意味をなしているのだろうか……。

　秋田は翌日、藤沢に電話をした。
「藤沢さん、先日の営業部の監査の時に扉に貼ったファイルインデックスを剥がすこととというご指摘がありましたが……」
「ええ、指摘しましたよ」
　藤沢は膠（にべ）もなく答えた。
「2012年に総務部で情報管理規程を改定しましたよね？　その時、『マル秘資料は施錠管理するのはもちろん、できるだけ関係者以外の目に触れないよう留意すること』と追記されてあったもので」
　秋田ははっと思い出した。秋田が総務部に異動してきた頃、総務部では情報管理規程の改定を検討していた。ちょうどこの頃、営業秘密侵害に係る民事裁判では、秘密管理性が不十分だとして営業秘密侵害を訴えた原告側が敗訴する事例が法律雑誌に紹介されており、法務部からの提案もあって、会社としても情報管理を徹底すべく、秋田も異動してきて早々に総務部長以下数人のメンバーと共に日々、総務部が主管であるこの規程の改定作業に追われていた。その時、当時の総務部長より「最近、総務部内でもマル秘情報をその辺りに散らかしている者を見かける。帰社時に単に施錠管理していれば良いというわけではないと思う」との指摘を受け、部長の意図を汲むべく、「できるだけ関係者以外の目に触れないよう留意すること」を規程に書き足したのであった。

　秋田は試しにエネルギープラント開発部の福島にも電話した。

「福島さん、マル秘資料の管理ですが、その資料がどこにあるかは皆さん記憶されているのですか？」
「いえいえ、まさか」
　福島は電話口で笑って答えたようだった。
「秋田さんもご存知かと思いますが、昨年立ち上がった資料検索システムを使えば、マル秘資料であっても登録されていればその資料のタイトルから格納場所は誰でも検索することができますよ」
　そういえば、システム部門より総務部に資料検索システムの運用について説明があったことを思い出したが、総務部門から他部門の資料を検索する機会がなく、ついぞそうしたシステムが運用されていたことを秋田は忘れていた。
（説明を受けた私ですら、その存在を忘れていたんだから、長岡さんみたいに開発部門以外の人たちは、もしかしてこの資料検索システムのことを知らないんじゃ……？）
　もし資料検索システムの存在を長岡が知っていたなら、長岡は黙ってはいなかっただろう……。
　資料検索システムが運用されている中、一方で同じマル秘資料について、タイトルさえも他の部門に見えないようにすべしと監査で指摘する者もいる。各部門におけるマル秘資料の管理はどのようになっているのだろうか。秋田はもやもやしながら、情報管理委員による文書監査結果の報告会を迎えることとなった。

4　作戦会議

　報告会の前夜、長岡は同期の集まりで福島と一緒に飲む機会があった。
「なぁ、長岡。お前最近情報管理担当になったんだろ？　憧れの総務の秋田さんからいきなり電話がかかってきてびっくりしたよ」
　長岡は、秋田が福島のお気に入りであることを知っていたため、秋田に電話したことを福島には黙っており、驚いたふりをして目を丸くした。
「へえ、珍しいな。それで、何か言われたの？」
「それがさ、秋田さん、『秘密』区分の資料のありかを覚えているんです

か？　って聞いてきたんだよね。資料検索システムもあるし、さすがに皆頭が良くてもそれはムリだよなぁ」
「ちょっと待って」長岡は言った。
「資料検索システムって何だ？」
　福島は呆れて言った。
「お前知らないの？　まぁ、営業部様はそんなに資料検索しないから知らないのも無理はないかな……」
「いや、その内容を教えてくれ」
　長岡は飲みかけたビールを置いて福島に詰め寄った。
「まぁ、そんなに怒るなって。それはね……」
　長岡はシステムの概要を聞いて愕然としたと同時に、そのようなシステムがありながらインデックスを剥がせといった藤沢の対応に怒りを覚えた。
「なあ、福島、明日の監査結果の報告会でこの話を言ってくれないか。法務の藤沢さんからキャビネットのインデックスを剥がせって言われて困っているんだ」
　長岡は監査でのいきさつを福島に話した。福島はじっと聞いていたが、長岡の話が終わるやいなや、にやりと笑って言った。
「分かった、オレに任せとけ。ただし、今日の酒代はお前のおごりでな」
　長岡はやれやれ、と思いながら財布の中身を確認したが、予期せぬ味方の登場に内心わくわくし、明日の報告会が楽しみになってきた。

5　現場 vs 監査、そして和解

　翌日、報告会が行われたが、先日の通り、藤沢による営業部の監査報告後、間髪を入れず福島が噛みつき、議論が白熱した。争点は規程の「できるだけ関係者以外の目に触れないよう留意すること」の具体的対策となった。藤沢は何がマル秘資料であるかを識別すること自体も「マル秘」であり、タイトルもできるだけ見えないようにすべしと主張したが、福島はその主張を一蹴した。
「昨年、資料検索システムが立ち上がった中で、マル秘資料のタイトルそのものを秘密にするという方針はシステムの立ち上げと矛盾すると思いま

第3講 製造業大手の情報管理──既存の情報管理体制の実効性確保

す。現状の運用に矛盾する規程は改定すべきと考えます」
　藤沢はやや気色ばんでこう切り返した。
「そんなことでは、不正競争防止法にいう営業秘密として保護されなくなるかもしれないよ。法律の内容知ってんの？」
　秋田は初めてこのような白熱した議論が委員会でなされていることに驚きつつ、これらの議論を聞きながら考えた。情報管理とは単にルールを守るためのものではない。一方、その情報を他人に見せたくないと思えば、ルールがなくとも厳重に管理するものだろう。管理することに必要を感じなかったり、ルールが現状に合わないものだったりするようならば、情報管理は早晩形骸化してしまいかねない。秋田は思わず声を上げた。
「あの、皆さんが何のために情報を管理しなければならないか、という思いが少しずつ違うことが分かりました。とはいえ、会社にて秘密情報の管理の仕方について情報管理規程で定めている中で、現状の運用に合わない規程ではその規程が形骸化してしまいますので、情報管理規程は現状に合うものにすべく、この委員会での意見を踏まえた改定を検討し、藤沢さんは改定された管理規程で果たして不正競争防止法に定義される営業秘密に該当するか否かを弁護士の先生にご確認いただくという方針でいかがでしょうか？」
　委員の皆は秋田が発言したことに驚いたのか、少しの間の沈黙の後、長岡と福島が拍手を送った。それに連れて他の委員も次々と拍手していく。藤沢は苦々しく長岡を睨みつけるが、不承不承頷いている。キャビネットにインデックスを貼ることの是非を巡って藤沢と福島の間で規程の理解が異なっていたという事例もあったので、これを踏まえて、規定に接する人によってできるだけ認識の相違が出ないようにすべく、具体的な事例等を示したガイドラインを情報管理委員会が主導となって作成することになった。秋田はこの会議の報告を大宮に行ったとき、「実態に即した規程に改定していくことは大変なことだが、現場からのニーズをしっかり受け止める姿勢は大変素晴らしい。私も一緒にその改定作業に携わり、君たちにアドバイスさせて欲しい」とのお褒めをいただいたのであった。
　また、長岡や秋田が疑問を抱いていた書庫管理監査は、適宜情報管理

149

委員が一旦自職場をチェックし、情報管理委員会で各部の状況を踏まえたディスカッションを行うこととなった。

秋田は「いよいよだな」と思った。今後情報管理規程の改定にあたっての情報管理委員会の意見と総務部との意見のすり合わせやガイドライン作成にあたっての作業に追われることとなるが、秋田はむしろ胸のつかえが取れたような爽快な気持ちになった。というのも、この会議を受け、情報管理委員会の活動を活性化し、現場の意見を積極的に取り込んでいくことにもなったからである。

NOTE

4 既存の情報管理規程の見直しの必要性

多くの企業では不正競争防止法の改正や判決の動向などに合わせ、情報管理規程の改定が実施されていますが、当該改定時点から幾分かの期間が経過すると、新たなITシステムの導入、新事業部・研究部門の設立、想定していなかった新しい種類の情報などが発生し、既存の規程に不具合が生じていても不思議ではありません。とすれば、既存の規程を時代の変化・企業の成長に合わせ、アップデートしていくのが情報保護を目的とする「情報管理規程」の本来あるべき姿でしょう。

情報管理規程をはじめとした社内規則の改定には、手間・コスト・時間を要しますが、現在の状況に適合できておらず使い勝手の悪い規程・マニュアルは、その実効性を担保できないばかりか、業務効率の低下も招きかねないことに留意が必要です。

5 見直しの方法

(1) どの部分に対する見直しが特に必要なのか？

三菱UFJアンケートでは、「従業員の約半数は、情報管理規程に触れる機会が少ない」とのことでしたが、逆の表現をすれば「従業員の半数程度は、規程に接する機会がある」となります。

それでは、この「規程に接する機会がある従業員」は、既存の情報管理規程をどう思っているのでしょうか？ 2015年に株式会社エヌ・ティ・

ティ・データ経営研究所が実施したアンケート（以下、「NTT Data アンケート」）の中で、「営業秘密管理を検討する際の課題について（22頁）」を参照すると、約半数以上の企業で重要な課題と考えられているのは、次の2点です。
① 従業員間・部署間の意識のばらつきの統一
（141頁 **NOTE** ②・141頁③参照）
② 各部署における業務効率の維持

ここでは、情報管理規程・管理マニュアルの中で「業務効率の維持を妨げている要因が何か」を個別具体的に確認していく必要があります。規程改定の端緒にもなる定期監査におけるポイントは、「規程・マニュアルに沿った管理がなされているか？」に加えて、「そのような管理がなされていないのなら、その理由は何か？」も併せて確認します。

(2) 情報を運用する場所はどこか？

営業秘密の管理場所は、ストーリーに登場するような本社オフィスだけではありません。たとえば、他の国内支店・出張所や、研究所、工場など営業秘密を日常的に使用する部門からは、営業活動の促進、イノベーションの推進、業務効率の維持向上の観点から、より利用状況に即した情報管理規程の運用が望まれているのが実情です。

このような要請の中で、いかにすれば「管理と運用の乖離」をなくし、必要最低限度の営業秘密の保護が図れるかについて、各部門での管理の現状・現場の声を正確に把握した上での検討が重要です。

(3) 不具合をどのように見つけるのか？

不具合の発見には、次のような切り口で臨むのも一案でしょう。
➤「管理すべき情報が多すぎないか？」
➤「それらの情報にアクセスできる人間が多すぎないか？」

この2点のいずれかに該当する場合、情報管理が煩雑になり、「管理と運用の乖離」が生じがちです。

また、このような切り口で、規程の不具合、すなわち「管理と運用の乖離」の発見のためには、「定期監査」もしくは「日常的なモニタリング」の実施が必要です。
① 定期監査 実施のタイミング

定期監査の必要性は上記の通りですが、ストーリーでも言及があるように、やはり「準備期間を設けての監査が意味を成しているのか？」と問われれば、法務部門としては答えに窮するのが本音かと思います。

ただ、定期的な監査には監査部門でも準備を要し、また、監査を受ける部門の業務の都合・スケジュールを無視しての監査実施は、効率的な業務遂行を妨げることにもなります。
　② 上記問題への対処⇒「日常的なモニタリング!!」
　このような問題への対応としては、日常的なモニタリングが有効です。たとえば数か月に一度、各部門における担当者で構成される「情報管理委員会」にて、各担当者が所属部署の情報管理の現状を報告し、そこで情報管理の課題が発見された時に委員会として実地検証等の対策を講じる。つまり「問題点の指摘だけの監査」ではなく、「各部署の実態・ニーズを把握し、改善策の提案も行う監査」となれば、監査部門はより充実した監査を実施でき、また監査される部門は負担の軽減につながるのではないでしょうか。
　また、このようなモニタリングでは少なからず各担当者の裁量に依存するので、この欠点を補うために個々の従業員が内部通報制度・窓口を活用することも有効です。
　このように、合理的かつ適切な情報管理の見直しは、全従業員が問題意識を持って取り組むことで、より実効性を担保できるものとなります。

6　見直しの結果、発見された問題への改善策・対応策

(1)　情報管理規程の3つの要素
　ここまでの話を踏まえ、情報管理規程の改定方法を考えていきたいと思います。まず、情報管理規程は、通常、次のような3つの書面で構成されています。
　①**規程**：用語の定義、守秘区分、その他のルールを定めたもの
　②**台帳**：情報の守秘区分の具体例を列挙したもの
　③**情報管理基準**：各守秘区分に分類された情報の管理方法を定めたもの
　以下、それぞれについて検討します。
　①「規程」を直すべきか？
　情報管理規程は、原則として全従業員を対象にしており、部門の垣根を超えた全社的なルール改定が必要な場合、「規程」自体の改定が合理的な措置となります。
　たとえば、ストーリーで示したような情報が化体した文書・電子データの定義・保管方法およびその取扱い、情報管理の主体となる役職者・部門の設定、監査の実施方法、違反時の罰則などを改定する場合です。

②「台帳」を直すべきか？
　情報管理規程では「極秘」、「秘」、「社外秘」などの守秘区分の定めがあることは上記のとおりですが、各社で「台帳」の設定から幾分かの時間が経過している場合、「どの情報を、どの区分で管理することが合理的なのか」を今一度検討する必要があるかもしれません。
③「情報管理基準」を見直すべきか？
　「『極秘』の文書は施錠管理」などの秘密管理措置を定めた「情報管理基準」を各部門の実情に合わせた改定の検討も有効な手段といえます。
　ただ、一般的に「情報管理基準」が情報管理規程の一要素、つまり、情報管理基準の対象者が全従業員であることを考慮すれば、「『情報管理基準』の各部門の実情に合わせた改定」は、「同じ管理単位内の、異なる部門で、異なる秘密管理措置」を肯定する意味ではありません。
　たとえば、守秘区分が「秘密」扱いの文書を、本ストーリーのように、東京重工の本社オフィス内にある製造部と営業部でそれぞれ保管している場合、「製造部では施錠管理しているが、営業部では施錠管理をしない」ルールが肯定されるわけではないということです。
(2)　認識可能性について
　2015年1月に経済産業省が改訂した『営業秘密管理指針』によれば、不正競争防止法における営業秘密の要件である「秘密管理性」が満たされるためには、企業の秘密管理意思がアクセス制限などの秘密管理措置によって従業員等に対し明確に示され、当該秘密管理意思に対する従業員等の認識可能性が確保される必要があるとしています（なお、2016年の不正競争防止法改正後に行われた裁判で「アクセス制限は従業員の認識可能性を確保するための手段」という行政解釈が、適用された事例も判例集未登載ながら存在します）。
　そして、この認識可能性は、法人全体で管理されるわけではなく、営業秘密たる情報を管理している独立単位（＝管理単位）ごとに判断されます。たとえば、東京重工が、本社オフィス、研究所、工場、支店などの施設を有している場合、従業員の認識可能性の有無は、その従業員の所属施設により判断されます。すなわち、同じ東京オフィス内にいる従業員に関しては、たとえ所属部署が異なっていたとしても、同様の秘密管理措置が施されていなければ、認識可能性は肯定されず、上記した「秘密管理性」の要件を満たしていないと判断されるおそれがあります。
　それゆえに、あくまでも「情報管理基準」の改定は、同一の管理単位内で

差異が生じることがないよう、情報管理委員会などが主体となり、統一された内容か否かを確認する必要があるでしょう。

(3) 利用頻度との関係

　なお、同一の管理単位内で、同一の情報を保有しているが、各部門における利用頻度が異なる場合、「情報管理基準」の各部門における運用方法を定めた細則書・手順書などを別途定めることが考えられます。たとえば守秘区分が「秘密」扱いの情報である場合は施錠管理が一般的ですが、「常に施錠管理」とするのか、「(ある部門においては、業務時間内は、従業員が保管場所に近接した場所に常駐しているため、従業員が少なくなる)業務時間外は施錠管理」とするのかをあらかじめ「情報管理基準」の運用方法として定めるということです。

　この場合でも、情報管理委員会などで各部門における運用状況を把握し、特定の部門だけが、全社的な「情報管理基準」を著しく緩めて運用することがないよう監督することは必要になります。

CHAPTER3
▶SNSによる情報漏えい

1　山形課長、SNSにハマる

　長岡の上司である課長の山形は単身赴任中。妻と娘は遠く大阪に住んでいる。そんな山形にとって家族や知り合いとのつながりは専らSNSだ。SNSを始めるまでは電話やメールでの近況報告だったが、写真や居場所などもアップでき、出身大学や職業・勤務先を自己紹介に書けば、家族のみならず会社の同僚や学生時代の友達ともつながり合えることから、すっかりSNSでの情報伝達に依存している。最近は専ら身の回りで起こったことをSNSにアップロードし、SNSでつながり合う家族等からのリアクションをもらうことがささやかな喜びである。

> **ONE POINT　SNSとは何か？**
>
> 　SNSは「Social Networking Service」の略語。近年、インターネット上のコミュニケーション・ツールとして発達したサービスで、世界的な規模で広がりを見せるものの例としては、「Facebook」、「Twitter」、「Instagram」などが挙げられます。アカウントの作成に際して、個人の名前、誕生日（年齢）、学歴、勤務先などを登録・公開を要求されるSNSも多く、SNS上で、不用意・不適切な発言・投稿を行うと、当該投稿に対して、過剰かつ大量の意見などが寄せられることがあります。

　ある日、長岡が客先でちょっとしたトラブルに巻き込まれた時のことである。山形の上司である千代田からなぜ長岡をフォローしてやらなかったのだ、と詰られた。
　（冗談じゃない！　営業とは客先のトラブルを糧に成長していくものだ。それに加えて、自分は常にバタバタと客先に出向く日々の中、少し要領が悪い長岡を押し付けられちゃ、たまったもんじゃない……。）

山形はむしゃくしゃしたまま帰宅し、よほど「あのバカ部長」とSNSに書き込んでやろうかと思ったが、何とか思いとどまった。というものの、山形のSNSが閲覧できる範囲には同期入社で財務部長となった出世頭の盛岡がいる。部長会議などで自分の書込みが盛岡を通じて千代田に知れ渡らないとも限らないからだ。
（SNSには不用意なことを書き込んではならない…と。）

2　山形課長、栄転か？

　その翌週、千代田から直々に呼び出された。何だ、また説教か。しかし、その日の千代田は少し違った。
「山形君、折り入って頼みがあってね。米国工場は現在米国内需要向けの製造だけだが、実は今後中米へと販路を広げることを考えていて、その足掛かりとして営業部門である君に近々米国に行ってもらいたいと考えている。ただ、この業界で米国に営業部門の人間が行くということは他の地域への拡販を画策していることは明白だ。もちろん、内密に頼む」
　米国工場は技術部門のみ日本から派遣されていて、米国国内の営業は米国の商社に任せきり。今回営業部門から米国への派遣は会社として中米への足掛かりを付けるという、社運のかかったプロジェクトである。
（その大役をオレが任された、やった……！）
　そして、何より嬉しかったのは家族のことだ。娘の道子がインターナショナルスクールに行きたいと言っている話を妻から聞いており、思わぬ形で米国行きが決まれば、家族3人で米国に住むことだってできる。
　山形はその日上機嫌だった。そして迷うことなく妻に連絡した。
「あのさぁ、オレ、米国行きが決まったよ。道子が米国のインターナショナルスクールに行くんなら、家族3人で米国に住もう」
　妻は思いがけない山形の報告に喜んでいるようだった。山形は、この喜びをSNSに投稿しようかと思ったが、引きとどまった。この案件は部長から内密に、と言われているし、山形は、先日、社内で噂になっていたことをふと思い出したのだ。なんでも、ある従業員が、自分が開発に関わっている製品のことをインターネット上のブログで公開したことで、懲戒処

分を受けたらしい。噂を聞いた後に、山形がインターネットを検索しても見つけられなかったことから、どうも、秘密裏に処理されたようである。

> **ONE POINT　秘密裏に処理？**
>
> 　たとえば、あるメーカーの従業員が「取引先A社に訪問」という日記的な投稿をしたところ、当該企業にとってA社との取引は極秘事項であったことから、取引先との守秘義務違反等の対応で苦慮した事案もあります。一般的に、このような案件は内々に処理されるため、大きな報道にはなりにくいですが、すべての会社において起こりうることであり、その被害の大きさは計りしれませんので注意が必要です。

（ITリテラシーに疎いと、あのような初歩的なミスを犯すものだが、自分はSNSの使い方も熟知している。オレの情報管理は万全だ。米国の件、盛岡にだって漏らすまい……！）

とはいえ、妻は山形の米国行きが嬉しかったらしく、SNSに「家族で米国移住かも」といった内容をアップロードしており、妻の友達と思しき人物から山形よりもはるかに多いリアクションをもらっていた。山形も妻の投稿への周りのリアクションの多さから、自分も家族と共に祝福されているような気がして、いい気になっていた。

3　山形課長、再度の叱責

その1週間後、たまたま通りかかった盛岡に声をかけられた。
「山形、お前米国に行くのか？」
山形は少しぎょっとしたが、盛岡と山形の妻は大学時代の知り合いであったことを知っており、恐らくSNSを通じてこの情報を得たのだろうと思い、平然と「まあな」答えた。
「そっか、でもあまり転勤の話とか周囲に言わない方がいいぞ」
盛岡は表情を変えずに言った。「（重々承知している。もしかしたら出世頭の盛岡でさえも海外に行くオレを羨んでいるのか？）」山形はそんな腹黒い思いを抱きながら「ご忠告どうも」と言って盛岡の前を通り過ぎた。

それから1か月後、山形はいつもの朝と同じように新聞を読んでいた。すると、当社の名前が載っているではないか。

「東京重工　中米への販路拡大」

（何だって！？まだオレは日本にいるのに…。）
　内密だと言った千代田を訝しく思いながら出社すると、千代田が真っ赤な顔で山形を睨みつけた。
「山形、ネット上にこの前、君と話した中米進出に関する記事があがっていたらしいが、あの記事は何だ！」
（知らない。濡れ衣だよ。オレだって秘密にしてきたんだ…。）
　そういえば、妻が米国に行くとSNSにアップロードしていた。しかし、一人の会社員が米国に行くというだけで中米への販路拡大まで記事に仕立て上げられるはずがない。ただ、とりあえず妻に連絡は取っておかなくては……。
　震える手で妻に連絡した。
「お前、オレが米国に行くって誰かに喋ったのか？」
「言ってないわよ、ただ、SNSに『もしかしたら家族3人で米国移住かも』とは書いたわ。いっぱい『いいね』をもらったのよ」
　知っている。でもそれだけで？
「そういえばこの前、貴方宛てにセールスの電話がかかってきたわ。ご主人はどこにお住まいですか、だとかどんなお仕事をされていますか、とか聞かれたわ」
　そういえば、一度会社で山形に宛てにセールスらしき電話がかかってきた時、「オレが山形だが、興味はない」と一言言って電話を切ったことがあったことを思い出し、山形は体中の力が抜けた。妻は確かに山形が米国に行くとはSNSに書いたものの、それ以上は書いていなかった。ただ、妻のSNSを見た誰かがその内容の真相を知るべく、セールスという形で山形の職業を聞き出したのだ。東京重工―米国―営業担当、その先につながるのは中米進出だということは、少しでも業界を知悉している者からす

れば明白だった。

結局中米進出の計画は頓挫、山形の米国行きの計画は潰えた。

NOTE

7 SNSへの対策の必要性

(1) なぜ対策が必要なのか

「企業の営業秘密保護」の観点からは、次の2点のSNSの特性を理解した上で、あらかじめその対応策を検討しておくことは大いに有用となります。

①「拡散力」

SNSでの投稿はインターネット上での公開が原則で、本人が発言・投稿のアクセス先を制限していても、SNSでつながりのある人物を介し、第三者からアクセスが可能な場合があります。また、当該投稿を確認した人が、コメントなどを加え、その投稿を自分の知人へ拡散することも可能で、投稿者の情報にアクセスする意思を有さない人の目にも触れることになります。

つまり、SNS上に一度公開した投稿は不特定多数のアカウント上で無制限に複製され、これらを完全に消去することは不可能であるため、情報漏えいの範囲が大規模になるおそれがあります。

②「個人情報からの推測」

SNSの中には、勤務先などの個人情報を登録・公開するものも存在し、アカウントID保持者の投稿内容と勤務先の情報を合わせて分析すると、「自社と、特定の企業が取引関係にある等の営業情報」などの推測が可能となる場合があります。このような情報が、会社の経営・業績を左右するような重要な情報であった場合は、営業秘密の漏えいとして重大な損害になりかねません。

(2) SNS上で情報漏えいを起こしうる主体

「誰がSNSに投稿を行うのか?」という行為主体に着目して対策を考えた場合、想定しうる行為主体は、次の3主体です。

➢ 企業の広告・マーケティング担当者
➢ 従業員個人
➢ 従業員個人からSNSを介し情報を得た第三者

このうち、「企業の広告・マーケティング担当者」は、会社業務として投稿を行うため、投稿前に内容にダブルチェックが入るのが通常かと思われます。とすれば、営業秘密・秘密情報として扱われるような重要な情報が漏えいする危険性はかなり低いと考えられます。

次に、「従業員個人」は、会社に対し不満を持った者が故意に投稿を行う場合を除いては、後述する「各社におけるSNSポリシー」と「社内規則における秘密保持義務」の紐づけ・周知徹底により、ある程度の事前対処が可能と思われます。（**NOTE** 8参照）

しかし「従業員個人から、SNSを介し情報を得た第三者」は、ストーリーでも述べたように、本人がいくらSNSの投稿に敏感でも、第三者の拡散の事前抑止は困難です。やはり、従業員個々人が「自身が知得している情報は営業秘密・秘密情報なんだ」という意識の下、従業員としての秘密保持義務の遵守徹底を図ることが重要になってきます。

8 「企業におけるSNSポリシー」と「社内規則」の紐づけ

SNSは、個人が自由に自己の主張・信念・価値観を表明できる手段であるので、表現の自由（憲法第21条）との兼ね合いから、企業として従業員の利用を完全に禁止することはできません。

また、近年、急速に普及したこともあり、従業員のSNS利用に関し、その対応が定まっていない企業も多いのが現状です。しかし、社内規則等で、従業員が負う業務上の秘密保持義務違反となりうるような投稿に関しては、処分の対象となるよう「社内規則」と「SNS利用」を紐づかせ、従業員に周知することは、情報漏えいを予防する意味では有効な手段となります。

なお、個人所有のパソコン、スマートフォンなどの情報端末からのログインを禁止することはできませんが、会社所有の端末からのログインを禁止すること、業務時間中のログインを禁止することは、従業員として当然負っている職務専念義務を遵守させる意味では有効です。

さらに、ストーリーにあるとおり、従業員個々人がSNSの機能について良く理解し、SNSに投稿された情報が拡散する可能性について、十分に留意することも必要であるといえます。

従業員のSNS利用に伴う企業の被害に関する判例が出揃っているわけではなく、手探りの分野と言わざるをえませんが、企業としてできる限りの対策を模索していくことが重要です。

第3講 製造業大手の情報管理——既存の情報管理体制の実効性確保

CHAPTER4
▶共同開発での他社情報との接触

1 他社情報の取扱い!?

　エネルギープラント開発部に異動になった宮城は、ある日、社内イントラで「法務ニュース：当社情報管理規程の改定」が配信されているのを見つけた。これまで「形だけ」だった規程が改定されたのは、情報管理委員会担当役員（CISO）の大宮以下、宮城の後任である長岡や今の職場の後輩である福島達の頑張りの賜物であり、もともと営業部でも情報管理委員を務めていた宮城を感慨深い気持ちにさせた。

　また、法務ニュースでは、経済産業省による営業秘密管理指針の改訂についても触れられていた。以前、法務部が行った情報管理担当者向けセミナーに出席したとき、「営業秘密」として保護される基準は必ずしも明確でなく、企業の通常の情報管理では「秘密として管理している」と認められないケースもあると聞いた記憶があったが、営業秘密の保護要件を明確にする動きがあるらしい。

　（とすると、自社の営業秘密はその要件に従って管理すれば保護されるということかな……？　一方で他社の秘密情報も保護されるのだから、他社情報の取扱いについても一層注意する必要があるということだよな…。まぁ他社情報も自社の秘密情報と同じように扱っているし問題ないか。）（167頁 **NOTE** 9参照）。

2 自社開発と共同開発

　その後、宮城は、地熱発電設備の新規開発案件のプロジェクトリーダーを務めることとなり、法務ニュースの内容など忘れたまま仕事に追われていた。

　ある日、宮城は、担当している開発案件の中心メンバーである青森とお昼ご飯を食べていた。同じ案件で苦労を共にしているから、つい仕事の愚

痴なども話してしまう。すると、青森は、同じ部内の別グループで、コイズミスクリューとの地熱発電設備用タービンの共同開発を担当している福島の話を始めた。コイズミスクリューは、会社の規模こそ小さいものの、その素材加工技術は、その道ではかなり有名らしい。

「福島から聞いたんですけど、福島が担当している開発案件も、最近行き詰まっていて大変らしいですよ。なんか、コイズミスクリューの加工技術を使うと、タービンの耐久性が課題らしいです。でもコイズミスクリューの素材加工とコーティング技術のノウハウは相当のものらしいですし、その技術課題を教えてもらえれば、こっちの案件に活かせるかもしれないですよね」

青森と福島は同期同士、切磋琢磨する関係であり、仲も良い。しかし、宮城と青森が担当している地熱発電設備の開発案件と、福島が担当しているコイズミスクリューとのタービンの共同開発案件は、部品か製品かという違いはあるが、「地熱発電設備」という観点では重なりうる案件だ。最近は、他社の営業秘密侵害のニュースもあるし、その手の話題を題材にし

たドラマもあるのに、コイズミスクリューの情報を流用したら問題となるという意識はないのだろうか。宮城は、この前読んだ法務ニュースを思い出して不安になった。

「コイズミスクリューの情報を教えてもらうのはまずいよ。コイズミスクリューの情報の流用を疑われて、秘密保持契約（NDA）違反とか営業秘密侵害とか、あとで問題になったら面倒だし。福島も大変だろうけど、お互い頑張るしかないよなぁ」

青森は宮城がエネルギープラント開発部の情報管理担当者であることも思い出し納得したのか、

「たしかに……そうですね。具体的な情報は教えてもらってないので、今後はもう聞かないようにします」

と言い、それ以降、コイズミスクリューの話はしなくなった。

ONE POINT　共同開発におけるコンタミネーション

　昨今、企業は、市場で勝ち抜いていくために、自社の力だけでなく、他社とそれぞれの強みとなる部分で互いに協力したり補い合ったり、他社と戦略的な互恵関係を形成することが少なくありません。その一つの形態として「共同開発」があります。共同開発は、お互いの技術情報を持ち寄ることで開発が推進されるだけでなく、異なる企業文化を持った者同士が知見をぶつけあうことで発明考案を生み出しやすい土壌にしうるというメリットもあります。

　他方、共同開発先の情報を受領することで、他社情報と自社情報の混在（コンタミネーション）が生じうることにより、将来の紛争に発展する可能性もあることに注意が必要です。特に、自社内で類似開発を進めている場合には、自社開発品の販売にあたって、共同開発先からクレームや訴訟提起されうることを想定する必要があります（「秘密情報の保護ハンドブック」113頁以下参照）。

3　コンタミネーションの怖さ

　後日、宮城は、改めてエネルギープラント開発部での他社情報の管理について考えてみた。最近、共同開発案件などで他社から情報を受領することが増えてきている。宮城は、部内の情報管理担当として、他社情報も自社の秘密情報と同じように管理するように部内周知したことはあるが、自社開発案件への情報流用の禁止については周知が足りないかもしれないと思った。

　宮城は、部内の情報管理の運用見直しを検討する必要がありそうだと考え、まずは具体的なリスクやリスク回避策について理解するため、以前情報管理のセミナーをしてくれた法務部の藤沢に相談してみることにした。

　宮城は、藤沢との打合せにて、自社開発案件と他社との共同開発案件が同時に走るケースが相当数あること、同じエネルギープラント開発部内で、近い場所で作業したり同じ機械を使ったり日常的な接触がある中で、他社情報の管理がきちんと徹底できているか不安があることなどを説明した。

　藤沢は、「他社情報の管理についてはいろいろと課題がありそうですね」と目を光らせた。

「自社開発と他社との共同開発が同時に走る場合には、自社情報と他社情報の混在、いわゆるコンタミネーションに特に注意する必要がありますよね。たしかに、当社の情報管理規程では、『他社情報も自社の秘密情報と同じように取り扱う』としか書かれていないですが、共同開発先の情報を当社開発品に流用してしまった場合、目的外使用としてNDA違反になる可能性がありますし、営業秘密の不正利用として法律違反になる可能性もあります（本文54頁以下、68頁参照）。

　流用を疑われると、当社の自社開発品を販売した後に共同開発先から訴えられて販売差止めや損害賠償を求められる可能性もあります。そうなると当社のビジネスが止まることにもなりかねないので、重要なリスクとして皆さんに意識してもらう必要があると思いますね」

第 3 講　製造業大手の情報管理——既存の情報管理体制の実効性確保

　宮城は、藤沢の説明を聞いて、エネルギープラント開発部の同僚達を思い浮かべた。
「一応 NDA に基づく秘密保持義務はみんな認識していると思うんですけど。でも作業場所が近いこともあって、共同開発案件の担当者以外も、共同開発先の情報を聞いたり見たりすることがありうると思います。意図的でなくても流用してしまうと問題ですよね……？」
　藤沢は、肯きながら答えた。
「意図的に流用しないことはもちろん大事ですが、いつの間にか共同開発先の情報と自社情報が混ざってしまって、他社情報であるという認識なく使ってしまうことが怖いですね。意図的でなくても目的外使用にはあたってしまいますし、流用の態様などによっては営業秘密の不正利用にあたります。また、一旦情報が混ざってしまうと、問題発覚時の情報回収などの対応も一層難しくなってしまいますよね」
　宮城は、簡単にコンタミネーションが生じてしまう可能性があるかもしれないと考えて怖くなった。

ONE POINT　他社から受領した情報の管理

　他社から受領した情報は、
①何が秘密情報にあたるかを特定し、
②他社情報であることを明確に区別して管理し、
③関係ない人は他社情報に接触できないよう運用する、
ことがポイントです。
　近接した作業場所や同じ設備の使用はすぐには変えられず、関係者以外の他社情報への接触を完全に排除することが難しくても、他社情報に使用にあたって、関係者以外の目に触れないよう注意する、関係者がいる場では話さないなど、関係者にコンタミネーション防止の意識づけをすることが重要です（168頁 NOTE 10参照）。

　宮城は、藤沢の話を聞いていて、自社開発品について訴えられるリスクがあるという点も気になった。仮にきちんと情報管理していたとしても、

165

結果的に共同開発先と同じような製品ができあがることもありうる。その場合も訴えられるリスクがある、つまり他社との共同開発が、自社開発戦略の足かせになる可能性があるということか。この点も藤沢に聞いてみた。
「たしかに、自社開発品が共同開発先の情報を流用した等とクレームを付けられるリスクはあります。訴えられた場合に備えて自社開発品は当社の独自開発の成果であることを立証できるようきちんと準備しておく必要はあります」
「また、そもそも訴えられるリスクをなくすためには、たとえば情報交換の対象とする情報をリストにするなど限定して、自社開発に影響する可能性がある情報は他社から受け取らないという方法も考えられます」
　宮城は、藤沢の話を聞いて、そもそも他社からその情報をもらうべきか事前の検討をすることも重要であることを再認識した（168頁 **NOTE** 10参照）。

　宮城は、他社情報の管理について、自社情報の管理とは別に運用を考える必要があることを理解し、エネルギープラント開発部に持ち帰って他部員と議論してみることとした。
　最後に藤沢が、「現状に即して実効的・現実的な改善策をとることが大事だと思います。法務部が研修会を実施して注意喚起を図ることも有益だと思いますので、あわせて検討してみて下さい」と言い、打合せは終わった。

4　議論、取組改善

　宮城は、青森、福島のほかエネルギープラント開発部のメンバーを集めて、藤沢から説明してもらった内容を共有するとともに、部内の情報管理の運用について意見交換を行った。同じ部内で自社情報と他社情報をきちんと分離管理するという意識は足りなかったかもしれないという反応もあり、各メンバーは運用改善の必要性を理解してくれた。ただ、具体的な対応策についての反応はさまざまである。
「あまり管理が煩雑になると、情報が利用しづらくなってしまいますよ

ね」
「でも他社情報の授受の記録をきちんととるとか、パスワード管理や分離管理すること自体は対応できると思います」
「分離管理したとしても、近くで作業している以上、目に入ってしまう情報もあると思います。自分もそうですが、コンタミ防止の意識を各部員が持つ必要があると思います。開発案件ごとに誓約書をとってもよいですし、法務部に研修会をしてもらってもいいんじゃないですかね」
「自社開発案件も、今まで以上に意識して進捗を記録化した方がいいですね」
「他社から受領する情報を選別するというのは、訴えられるリスクを回避するためには有効かもしれませんが、他社と自由に議論して進めたい場合にはイノベーションを阻害する面もあるかもしれませんね」

　活発な意見交換ができ、各部員の意識向上が必要であることの共通理解は得られた。
　その後、エネルギープラント開発部では、宮城が中心となって、藤沢とも協力連携しながら、他社情報の分離管理や開発進捗状況の記録化をきちんと行うよう周知徹底し、また各案件関係者をリスト化して、コンタミネーションが懸念される場合には案件ベースで秘密保持誓約書をとることとした。
　後日、藤沢は、情報管理委員会においてエネルギープラント開発部の取組みを紹介し、全社的なコンタミネーション防止の注意喚起のため、取組改善事例として社内周知を行った。

NOTE

9　共同開発におけるコンタミネーション（＝情報混在）のリスク

　他社情報と自社情報がいったん混ざってしまうと、他社情報が自社情報と区別されずに（「目的外利用の制限」が意識されずに）使用されうることとなります。これにより、意図せずに他社情報が自社開発品等に流用される危

険性が高まります。

　実際に共同開発先の情報を流用してしまうと（または流用を疑われるような事態となると）、共同開発先から契約上の秘密保持義務違反や不正競争防止法違反を問われることが考えられます。訴訟対応等が必要になるだけでなく、訴訟の結果、販売を差し止められる可能性がありますし、また企業のイメージダウンにもつながります。

　また、実際には他社情報を流用していなかったとしても、他社情報と自社情報がきちんと区別して管理されていない場合、コンタミネーションの有無を確認する際のトレースが困難となり、自社の独自開発であることの立証が難しくなることや、いったん混在した他社情報の回収が難しくなることが想定されます。

10　どのようなコンタミネーション対策が必要か

(1) コンタミネーション対策の考え方

　企業におけるコンタミネーション対策は、他社情報の流用防止だけでなく、流用を疑われた場合の防御策としても有用です。

　他社情報を受領する際の心構えとして、他社情報の受領は、「自社の事業遂行上のリスクを抱えることになりうる」ことをよく認識する必要があります。もちろん、開示側も開示してよい情報かどうか吟味するはずですが、受領側も本当に受け取る必要がある情報なのか、受け取っても自社開発案件に影響はないのか、について吟味する必要があります。

　そのために、まず他社との共同開発の開始前に、自社で類似開発案件があるか（予定されているか）確認し、両案件において想定される開発行為や成果物を踏まえ、自社類似案件への影響を確認・検討すべきです。そのうえで、コンタミネーションの危険性（または疑われる危険性）があると判断された場合には、以下に述べるような対策を組み合わせ、実効的な対策をとるべきと考えられます。

(2) 他社情報を受領する際の対策

　(i) 受領情報の選別

　上記のとおり自社案件への影響を確認・検討した上で、共同開発先からの情報受領に際し、以下の対応が考えられます。

　➢情報交換の対象をリスト化して相手方と確認する
　➢「情報を受領しない権利」を契約に定める

ただし、特に共同開発の初期段階においては、受領情報を限定しすぎると、相手方との柔軟な議論を制約しうるというデメリットもありうるため、活動内容に照らして開発部門等の意向も踏まえ、対応・検討する必要があると考えられます。

(ii) 「秘密情報」の範囲の明確化

情報を受領する場合、何が「秘密情報」にあたり、秘密保持義務の対象となるのか、ひいては営業秘密として保護されうるのか明確にするため、契約上、「秘密情報」をきちんと定義しておくことも必要となります（本文69頁参照）。

そして、情報受領時には、契約上の「秘密情報」の定義に照らして、当該情報が秘密情報に該当するかどうかは都度確認します。秘密情報の例外に該当するかどうかの確認も同様に必要です。自社ですでに保有している情報や第三者から適法に入手した情報等は、秘密情報の例外に該当する場合には立証のために必要な記録化をしておきます。

また、情報の授受にあたって、受領した情報及び時系列の明確化のため、以下のような対応が考えられます。

➤情報を受領する窓口担当者を限定する
➤受領情報・受領日時・受領者等を記録した台帳を作成する
➤議事録や研究レポート等の社内文書にて案件メンバーに情報授受について周知する

書面による記録化にあたっては、記載内容のムラをなくすため、必要記載項目を示した全社または部門内で統一フォーマットを作成しておくことが望ましいと思われます。

(3) 他社情報を受領した後の対策

他社情報を受領した後の管理については、他社情報および自社情報の使用者（組織）や使用場所等を完全に分けて管理し、両情報が混ざりえないようにできればベストですが、人員や物理的な制限により、完全な分離は難しい場合が少なくないと思われます。また、管理が複雑になりすぎると情報を利用しづらくなり、開発遂行に支障が生じるおそれもあります。そのため、具体的な状況に応じて、現実的かつ実効的な対策を検討していく必要があります。

(i) 物理的に他社情報を分離管理すること

上記(2)(ii)のとおり、他社情報をいつ誰が受領し、どのような方法で管理していた（誰が知ることができた）のかを記録にすることで、他社情報の分離

管理の事実を確認することができます。

　また、他社情報を区別した上で、関係ない人が他社情報に接触しないようにするため、電子情報の場合は、自社情報と別サーバで管理し、また案件ごとにフォルダへのアクセス権限を限定すること、サンプルや紙情報の場合は、別キャビネットで施錠管理すること等が考えられます。コストの問題がありますが、開発に用いる場所・設備などの分離も有効な手段です。また、案件従事者をリスト化して、リスト外の人には情報が渡らないように管理することも考えられます。

　(ii)　関係者にコンタミネーション防止を意識づけること

　共同開発案件と自社開発案件にて、人員や作業場所が重複せざるをえない場合など、上記対応だけでは完全に情報分離できない場合も多いと考えられ、他社情報に接触した人がこれを流用しないための対策も必要となります。

　案件従事者にコンタミネーション防止を意識してもらうことが重要であり、具体的には、リスクのある案件ごとに、「他社情報を持ち込まない」あるいは「他社情報を持ち出さない」ことおよび違反時の制裁を内容とした誓約書へ署名させ、コンタミネーションリスクを認識させ、危機意識をもってもらうことが有効と考えられます。法務部・知的財産部による研修や、社内イントラネット上での定期的な注意喚起を行うことも考えられます。

(4)　自社の独自開発の立証準備

　自社開発品について、共同開発先の情報の不正利用を問われた場合、「自社の独自開発であること」を主張することが想定されます。その準備として、上記各対策の実施だけでなく、自社開発の経緯を日付が分かる形での記録（ラボノートの作成など）が重要となります。記録の方法は、上記他社情報授受の記録と同様に、必要十分な記載を担保するため、部門内で統一フォーマットを作る等することが有益と考えられます。

　また、独自開発の結果、何らかの技術的知見が生じた場合にはその権利化を速やかに検討し、知財戦略上の事情等から公開しない場合でも、共同開発の成果との時的関係立証のため、書面化して公証役場で確定日付を得ておくことも考えられます（第1講 **NOTE** 8 （48頁））。

11　技術情報等の売り込み

　共同開発先など取引先からの情報受領だけでなく、外部の企業や研究者から、技術情報等の売込みを受けて情報を受領するケースも見られます。また、

近年は国内市場の縮小、市場構造の変化などによる新規事業開拓の必要性から、大企業がベンチャー企業などに対し積極的に新規技術の提案要請を行うケースもしばしば見られます。そのような場合、売り込まれた技術情報が他社の営業秘密に該当する場合、その事実を知らなかったとしても、知らなかったことに重大な過失があれば、不正競争防止法に違反してしまいます。

そのような事態を防止するためには、売り込みを受けた技術情報の出所や取得した経緯を売り込みに来た者（会社）に確認し、「独自の技術情報である」または「正当に取得したものである」旨の誓約書の取得が必要です。加えて、確認した上記事実関係に関し可能な範囲での関係者への確認も有効でしょう。それら確認をしても、なお不正な売り込みでない確信が持てない場合には、当該売込みには応じないことが肝要です。

12 共同開発契約の条項

最近の契約書事情としては、以下のような「みなし規定」が存在することがあります。

ア　共同開発に参加する従業員が関与した開発　≠　独自開発
イ　共同開発実施場所でなされた開発　　　　　≠　独自開発
ウ　情報受領から一定期間内になされた開発　　≠　独自開発

このうち、ア・イについては、上記したように、人員や物理的な制限により完全な分離は難しいことが多いため、相手方企業から提出された場合、条項を削除するのが一般的な対応かと思われます。

ただ、ウについては、相手方企業とのパワーバランス、今後の取引の可能性、取引の規模など考慮の上、受け入れる可能性もあります。このケースにおいては「相手方企業から囲い込まれている」状況といえる場合もありますので、取引価格、研究開発費用の増額などの処置により、バランスをとる必要があります。

CHAPTER5
▶取締役の退任と情報管理

1　取締役千葉の苦悩

　東京重工の退任間近の取締役である千葉徹也は、自分のデスクのパソコン上に映し出された画面を見ながら、ため息をつく。
「俺のサラリーマン人生って、いったい何だったんだろうか……。技術者として数々の革新的な開発プロジェクトを成功させ、後進の面倒もよく見てやった。俺が開発してきた製品を販売してきただけの営業畑の浦和なんかが何で社長に選ばれるんだ……」
　千葉は、入社以降、地方工場での製造部のプロセス開発室、研究開発本部での研究者、研究所長を歴任し、50歳を過ぎる頃には、異例の若さで東京重工の取締役にまで上り詰めていた。学業も優秀であったことから、

大学・大学院では機械工学を専攻、第一志望で重工メーカー最大手の東京重工への入社を決めたのであった。

　研究者ながら、中学・高校と野球一筋であった千葉は体育会気質で後輩の面倒見がよく、部下からの信頼は厚かった。また野球で培った負けん気と粘り強さも人一倍強く、東京重工での自身の功績も、周囲を凌駕するものであった。

　だが、部下からの信頼が厚く、華々しい功績を持つ一方で、社内では「千葉一派」と陰で揶揄される派閥を形成し、自らの意見を通すために腹心の部下を使い他部署に対し根回しをするばかりか、ライバル社員のあらぬ噂を流すなど、権謀術策を使うことがしばしばあり、社内には、それをよく思わない者が数多くいた。千葉は、頭も切れ技術者として優秀で実績も申し分なく人心掌握術に長けているものの、策士であることが自らの人物評価を大きく下げる要因となっていた。

　過去の実績により千葉は社長候補の最右翼ではあったにもかかわらず、そのような人物評価が災いしたのか、ライバルであった営業部門出身の浦和取締役が次期社長となる社内人事が発表され、千葉は今度の株主総会終了をもって、東京重工の製造子会社技術顧問への就任を打診された。

　（まあ、俺の性分としては、経営計画練ったり、人員管理したりの本社の取締役は向いてなかったってことだな……。製造子会社の技術顧問としてやれること限られているけど、子供も昨年大学に入学したばっかりだ。金のためには我慢するしかないのか。しかし、俺の知識と経験があれば、他の会社でもやっていけるんじゃないか……。）

ONE POINT　取締役の退任

　ベンチャー企業を中心に若手幹部社員の取締役への登用を推進している企業も増えており、そのような企業の場合、取締役が退任時点で50代であるケースもあり、まだまだ自分の能力を生かしたいと考える人も多いと考えられます。大企業の取締役経験者を新興企業や中小企業の幹部に紹介するエージェント会社も存在し、元大企業の取締役が退任後に活躍する場が増えています。

2　立つ鳥、跡を濁す？

　そんな折、製造現場にいた頃から懇意にしていた、大阪の機械メーカー「ナニワプラント株式会社」の堂島社長から「東京に出向く用事があるよってに久しぶりに飲みに行かへんか？」と誘いがあった。
　堂島との酒席でついうっかり転職を考えていることをこぼした千葉に、堂島は「うちに来んか？　千葉さん、まだ若いし、あんたほどの人なら、ウチでもっと研究やったらええやないか？　ウチの若手の指導もしてもらいたいし。もし、千葉さんのお気に入りの部下で、御社の中でうまくいってないヤツがおるんなら、まとめて面倒見るで」

　翌日、千葉のパソコンの画面に映し出されたのは以前から自分が関わってきた開発途中の地熱発電設備に関する実験データ、本社研究所と営業部が検討している活用方法や販売計画に関する研究資料だ。
　(……俺のやりたいことは、ここではもう叶わないかもしれないが、堂島さんの会社なら続けられるかもしれないな。そういえば、この発電設備の開発で一緒に汗を流した市川や勝浦は今回の人事についてどう思っているんだろうか？
　あいつらは、技術者として優秀だったし、そればかりか俺の腹心として裏仕事も嫌な顔一つせずやってくれた。もしかしたら、それがあだとなり、浦和新社長の体制下では冷や飯を食わされるかもしれないな。そうなったらあいつらが不憫でならない。)
　結局、千葉は任期の満了を待たずして、東京重工の取締役を辞任し、同じ年の6月下旬にナニワプラントの株主総会で同社の取締役として選任された。程なくして、千葉の腹心であった市川と勝浦が後を追うように東京重工を退職し、ナニワプラントの技術部門へ転職していった。

第 3 講　製造業大手の情報管理——既存の情報管理体制の実効性確保

> **ONE POINT　退任する取締役の部下の引き抜き**
>
> 　取締役まで上り詰めた方々は、職務遂行能力・知性・人望などさまざまな点で魅力的な方が多く、その「腹心の部下」ともいえるような従業員がいる場合もあります。企業としては、「退任する取締役から学び、経験したことを、自社の今後に生かしてもらいたい」思いから、退任する取締役による、「腹心の部下」の引き抜きを阻止したいと考えるのが通常でしょう。
> 　このような場合には、取締役の「退任時誓約書」において「従業員の引き抜き・別会社への転職の勧誘を禁止する」旨を定めることが有効ですが、個人的に転職を勧誘する行為自体は違法ではないので、一定の限界があることも事実です。
> 　また、「引き抜き・勧誘」とは別に、「退任後、当該従業員から自社の情報を取得しない」ことを義務付けるのも、情報漏えいを阻止する意味では重要です。
> 　ただ、「あの人が辞めるなら、私もついていく」というように、勧誘行為の有無にかかわらず、従業員個人が、最終的に自由な意思に基づいた判断により、企業を退職して他社への転職を選択した場合、職業選択の自由（憲法第 22 条）が保障されているため、企業として、その従業員を引き留めることはできません。この場合は、退職する従業員に対しても、「退職時の秘密保持誓約書」を提出してもらい、秘密保持義務を課す必要があります。

3　残る者の思い

　一方、東京重工本社オフィス近くのとある居酒屋では、営業部長の千代田と法務部の藤沢が、先日、千代田が担当していた案件を藤沢が手伝ったこともあり、その打上げが催されていた。千代田は、藤沢の出身地が、自分の出身と近いことから何かと藤沢を気にかけていた。
「この前の件は、無事、お客様との契約締結まで漕ぎ着けられた。いつもありがとな。今日は御馳走するよ」
「ありがとうございます、千代田さん！」
　——宴もたけなわになった頃——
「そういえば、取締役だった千葉さんな、退任後はナニワプラントの技術担当の取締役に就任したらしいんだ。噂を聞いてナニワプラントのホーム

ページのプレスリリースを見たんだが、技術担当の取締役として顔写真まで掲載されているんだよ。俺の若いころは、あの人、バリバリでな。頭も切れる人だったから、絶対、社長になる、というか、なってほしいと思ってたんだが……」

「千葉さん、僕が現場研修していたころ、良くしてもらったんですよね。僕、文系出身なんで、最初は、重工業の製造とか、品質管理とかなにも分からなくて、よくボコボコに怒られてましたけど、研修終わるころには認めてくれるようになって、よく飲みに連れて行ってもらったんですよね。技術系の同期から聞いた話だと、子会社の技術顧問のポストを打診されていたらしいんですが、その処遇では不満だったんですかね？」

「まあ、社内では派閥を形成して、一時は次期社長間違いなしと言われた人だから、いろいろな葛藤があったんじゃないかな。ただ、千葉さんが辞めるのは仕方ない面があるんだが、あの人の腹心だった市川と勝浦も辞表を提出していて、来月末で退職するらしいんだ。本人たちは退職後の進路について明言を避けているが、千葉さんの後を追ってナニワプラントの技術部門へ転職するというのが専らの噂なんだよ」

　千代田の話を聞いて、藤沢は考え込んでしまった。

「なんだ、藤沢。難しそうな顔して、どうしたんだ？」

「いや、何となく大丈夫かな？　と思って。もちろん、千葉さんを疑うわけじゃないんですけど。千葉さんの経歴を振り返ると、ウチの会社の技術のことに詳しすぎると思うんですよね、やっぱり。東京重工の取締役まで上り詰めた人ですし、技術情報や経営情報とか、大丈夫かなと……。それに、開発の最前線に立っている市川さんや勝浦さんが転職するとなると、当社の最新の技術情漏れてしまうんじゃないかとも思うんですよ」

「まあ、そういう意見も当然だな。分かった。俺が、明日ちょっと、秘書室に、千葉さんが辞める時の対策って何かしたのか確認しとくよ。あと、千葉さんの件とあわせて、人事部にも来月辞める市川と勝浦にも対策が必要だと伝えておくよ。でも、藤沢、その対策って具体的にどういうことするもんなんだ？　俺いつも、お前に相談するの、取引とか業務委託とかNDAの契約書に関係することだけだから、勝手がよく分からないな。も

しかしたら、藤沢のところの鎌倉部長から、秘書室や人事部に打診してもらうことになるかもしれないけど、どういう対策が必要なのか、明日、簡単に俺にも教えてくれ」
「分かりました！　明日朝一番で、千代田さんのデスクにお伺いします！」

　後日、千代田から相談を受けた法務部長の鎌倉が秘書室に確認したところ、千葉は退任取締役として秘密保持義務等に関する誓約書を提出していることが判明した。市川と勝浦については、鎌倉部長からのアドバイスに従い、人事部は同様の誓約書の提出を両者から受けることとなった。千代田を通じて、その知らせを聞いた藤沢は、ほっと胸をなでおろした。

NOTE

[13] 退任後の取締役に注意する必要性とは？

　在任中、取締役は、法律の定めにより善管注意義務（会社法第330条、民法第644条）、忠実義務（会社法第355条）を負っています。善管注意義務には、取締役が職務上知りえた情報をみだりに第三者に漏えいしてはならないという秘密保持義務も含まれています。また、忠実義務の具体例として、競業避止義務（会社法第356条第1項第1号）を負い、利益相反取引の規制（同法356条第1項第2号・365条第1項）を受けていますが、これらの義務は、取締役の退任後の行動を規制するものではありません。

　また、取締役は業務の性質上、会社全体の経営方針・経営戦略を熟知しており、それぞれが担当していた業務の情報についての広範なアクセス権を持つことから、技術部門の担当である場合は、会社の強みとなる技術情報にも精通していることが一般的です。

　そのため、一般の従業員の退職に比べ、営業秘密を含めた重要な情報が漏えいする危険が高く、注意が必要になります。

14 具体的に何をすべきか？

(1) 誓約書の受領（就任時および退任時）

まず、取締役就任時に、会社法上の忠実義務、善管注意義務に基づく秘密保持義務、競業避止義務を順守することを書面で誓約させることに加え、退任する際には改めて秘密保持義務、競業避止義務に関する誓約書の提出を約束させることが考えられます。その後、実際の退任時に信義則上、秘密保持義務を負う旨の誓約書の提出を受けるのです。競業避止義務については、職業選択の自由（憲法第 22 条）があるので、期間を定めて競業避止義務を課す方法が考えられます。

退任後に一定期間が経過すれば競業避止義務を課すことは難しくなるので、競業避止義務は課さず、その後の進路に関して定期的な連絡を義務づけるのも有効です。

これに対し、退職者に対して退任時点で初めて誓約書の提出を求めても、退任時点で自らの処遇に対し不満を持っている場合、誓約書の提出を拒否されるおそれもあります。就任時に退任時誓約書の提出を書面で義務づけることで、そのような事態を防止できます。

(2) 営業秘密の返却・消去、およびその準備

退任時の誓約書において、秘密保持義務や競業避止義務を課すことに加え、営業秘密をはじめとする会社の営業上、技術上の情報漏えい防止を確実にするため、在任中に取得した資料の返却、消去についても義務づける必要があります。とりわけ、技術系の取締役の場合、紙媒体や電磁的記録だけでなく、実験等で作製したサンプル（試料）などの有体物を保有している場合もあり、これらについても返却を求めるべきです。退任時にそれらを短時間で洗い出すのは困難ですので、取締役が有している情報と当該情報を用いて製作した有体物をリスト化しておき、退任時において直ちに返却、消去を求める体制を構築しておかなければなりません。

(3) 退任後の進路の確認

退任後も「社友」、「顧問」といった肩書を付与し一定の報酬を与え、競合他社への就業を防止している企業もあるようですが、コスト面などからそのような対応が難しい場合も多いと思われます。退任後の進路については、本人に対するインタビューが最も確実な方法ですが、プライバシーの観点から本人が話したがらない場合、強制的に聞き出すのは困難です。また、直後の進路については本人から聞き出すことができても、その後さらに別の会社へ

と移った場合、出身会社対し連絡がない場合が大半と思われます。

　退任後の進路の連絡のない取締役等については、在職、在任中に親交のあった同僚やOBからの情報や新聞報道等を通じ定期的にチェックすることが肝要です。

　いずれにしても、個人のプライバシーとの兼ね合いから、慎重に対応し、喧嘩別れがないようにするのが理想です。

15　社外取締役やCEOを外部から招く際の注意事項は？

　昨今では、コーポレートガバナンス・コードの導入により、経営者としての能力、特別な知識・経験を買われ、別業界の社外取締役に就任するケースが増加しています。また、他社のCEOとして活躍した、いわゆる「プロ経営者」を代表取締役等の業務執行取締役として招くケースも増えています。

　そういった社外取締役・プロ経営者は、通常、VIP扱いであるため、心理的に誓約書を提出してもらうのが難しいという側面があります。

　しかし、営業秘密のみならず、インサイダー情報など重要な秘密情報を保有している場合もあり、受け入れる側の企業は、自己の重過失により、相手方企業の営業秘密・秘密情報を受領しないよう、着任する取締役の経歴、職歴、出身企業及び現在の勤務先に対する秘密保持義務の有無をよく確認し、当該取締役から「出身企業及び現在の勤務先の情報を使用しない。持ち込まない」または「出身企業及び現在の勤務先の情報を持ち出していない」旨の誓約書の提出を受ける、着任時に受け入れる側の企業の業務説明を行い、当該説明終了後に上記誓約書の提出を受けるなどの措置を可能な限り実施することが、紛争を予防する上で重要です。

CHAPTER6
▶漏えい事案への対応

1　情報漏えい！？

　取締役の退任を巡る社内のドタバタ劇が落ち着き、関係部署の記憶も薄れかかったある日、エネルギープラント営業部の長岡は、東南アジア進出のパートナー企業の候補である総合商社の東京物産商事株式会社に対し、現在、開発中の東南アジア向けの地熱発電設備の性能をアピールするプレゼンを行っていた。

　当社は地熱発電設備のリーディングカンパニーと自負している。それに振り返ってみれば、自分がこのプロジェクトに携わってから、もう2年になる。プレゼンの準備だって入念に行った。長岡は、東京物産商事も興味を持ってくれるはずと信じて疑わず、地熱発電設備について自信をもって当社独自の性能のアピールを行った。

　しかし、意外にも東京物産商事の反応が薄い。すると、意外な言葉が返ってきた。

　「実はナニワプラントさんからも同じような性能の地熱発電設備の売り込みがあったんですよ。御社とは長年取引があるし、御社製品に対する信頼も厚い。けど、ナニワプラントさんの地熱発電設備との比較もしたいので、少し検討させてもらえますか？」

　長岡は、今回の地熱発電設備の採用は、東京重工でほぼ決まりだろうと思っていたため、悔しく思うとともに、地熱発電の市場では新参者のナニワプラントが業界トップの東京重工と同じような性能の発電設備を作れるなんて本当かな……と違和感を持ちながら会社へ帰った。

　長岡は社内に戻って山形課長に今日の顛末を報告。やはり納得できず、「ナニワプラントが同じような発電設備を作れるなんておかしくないですか？　この発電効率は当社の独自技術を使ってやっと実現できたものです

よね。本当なんですかね」とぼやいていたところ、山形も同じ反応だった。

　長岡は、他のパートナー候補にも探りを入れてみたところ、やはりナニワプラントが同じような発電設備を開発しているという情報は本当らしいことを確認した。ナニワプラントが独自にまたは第三者と共同して開発したのか、あるいは何らかのルートで当社の情報が使われたのか……？　情報管理に厳しいうちの会社の情報が漏えいするなんてあるだろうかと思いつつ、長岡は、今回のプロジェクトでよくやりとりのある、エネルギープラント製造部の茨城課長に連絡してみた。

　茨城は、長岡の話を聞いて、信じられないと思った。今回の地熱発電設備の性能は、当社のコア技術を用いてこそ、従来品と比べて30％もの発電効率向上を実現できたものだ。それに、発電設備の要となるタービンはコイズミスクリューとの共同開発品だ。ナニワプラントが短期間で開発できるような技術ではない。また当社は、今までナニワプラントと付き合いはなく、情報を渡したこともない。

（まさか情報漏えい……？）

　もちろんちゃんと情報管理しているが、思い当たるとすると、自分の部下の一人で、今回の地熱発電設備の製造に携わっていた野田が10か月ほど前に会社を辞めたことぐらいだ。

　野田は、新卒からずっとエネルギープラント製造部で働いており、地味だが真面目そうで、悪いことをしそうな人には思えなかった。そんな野田の退職後のことなど、大して気にも留めていなかった茨城だが、他に思い当たることもないので、さりげなく部内で野田の転職先を確認してみた。すると、なんと、野田はナニワプラントに転職していたことが分かった。野田が情報を持ち出したということだろうか……？　しかし、茨城は情報漏えいなんて経験したことがなかったため、どうすれば良いか分からなかった。

　茨城は、とりあえず、情報漏えいの可能性について法務部に連絡することとし、社内イントラネットで法務部情報管理担当と載っていた藤沢に連絡した。藤沢は、「ナニワプラントですか！？」と驚いていた。茨城は、

なぜ藤沢が驚いているのかはよく分からなかったが、藤沢の説明によれば、当社のコア技術の漏えいがあったとすると、野田に対しては、退職時の誓約書違反や不正競争防止法違反を問える可能性があり、また、ナニワプラントに対しては、地熱発電設備の販売の差止めを求めるなどの対応も考えられるとのことだった。

ただ、実際に法的措置をとるには、証拠集めを含めハードルは高いとのこと。今後の対応については、法務部が中心となって検討のうえ、追って連絡をもらうこととなった。茨城は、法律のことはよく分からないが、大ごとになるかもしれないなと思いながら、藤沢の連絡を待つこととした。

茨城から「ナニワプラント」の話を聞いた藤沢は驚いていた。1年ほど前、元取締役の千葉とその腹心の部下だった勝浦・市川がナニワプラントに転職すると聞いて、法務部長の鎌倉も巻き込んで人事部に必要な対策をとってもらうよう対応したのだ。他にもナニワプラントに転職した従業員がいたなんて知らなかった……。藤沢は鎌倉にも状況報告のうえ、まずは社内調査を迅速に行い、野田による当社秘密情報の流用を確認するため情報収集を行うこととした。

2　初動対応

藤沢は、すぐに製造部、人事部、システム部にそれぞれ連絡し、以下について可能な限り情報を集めてほしいこと、また、ナニワプラントに転職した千葉、勝浦、市川は製造部出身ではないものの、念のためその三者による情報持ち出しの可能性も調べてもらうよう依頼した。また、藤沢はあわせて、漏えい行為が確定しているわけではないので内密に情報収集してもらうよう各部へ伝えた。

〈エネルギープラント製造部への依頼〉
・ナニワプラントの地熱発電設備が当社コア技術を使用している可能性の分析

- 野田の勤務内容（本件コア技術に接する仕事だったのか）
- 勤務態度、人間関係等

〈人事部への依頼〉
- 野田の退職経緯・時期、退職時のやりとり
- 転職に関する情報

〈システム部への依頼〉
- 野田のPCログ情報（本件コア技術に関するデータアクセス・ダウンロード履歴等）

(1) エネルギープラント製造部でのヒアリング

　まず、エネルギープラント製造部の茨城にヒアリングしたところ、野田は退職まで真面目に業務に従事し、退職前に特にトラブルがあったわけではないとのことだったが、地熱発電設備の試作機開発検討にあたって当社コア技術を用いる業務に従事していたとのことだった。そのため、本件コア技術に関する書類にアクセスできたとのことだった。

　また、茨城らの情報収集・分析によれば、ナニワプラントが謳っている新製品の性能を実現するためには、当社技術を用いた疑いが濃厚であること、当社技術を使えば、野田のナニワプラント在籍期間である半年程度で地熱発電設備の試作機開発が実現できる可能性があることなどが確認できた。エネルギープラント製造部には引き続き情報収集・分析の協力をお願いすることとした。

(2) 人事部でのヒアリング

　次に、人事部に野田の退職経緯を確認したところ、退職理由は一身上の都合であり、特に揉めた経緯はないとのこと。ただ、人事部が退職時誓約書の提出を求めた際には、秘密保持義務の期間や競業避止義務期間を短くしてほしい、というようなやりとりがあったそうだ。兆候はあったということか。

　野田の退職時期は、千葉・勝浦・市川の転職時期から数か月経った後であり、野田と千葉が結びつく情報もなかったため、人事部としては、まさ

か野田もナニワプラントへ移るとは思いもしなかったとのことだった。千葉・勝浦・市川についてはあんなに気を遣って対策をとったのに、野田が漏れていたとは……藤沢と人事部担当者は思わずため息をついた。

(3) システム部でのヒアリング

　最後に、システム部によって、1年半くらい前、会社のメールアドレスから野田の個人アドレスに頻繁に会社の書類が送付されていたことが確認された。茨城に確認したところ、1年半前といえば、「東南アジア向け地熱発電設備拡販プロジェクト」の一環で、エネルギープラント製造部にてコア技術の活用検討を行っていた頃とのことだ。

　野田の個人アドレスに送付されたファイルを確認してもらったところ、プロジェクトの中核メンバーと担当役員による戦略会議の議事録だった。野田は当時議事録係として戦略会議に同席していたとのこと。その頃は、業務が立て込んでいたこともあり、みんな自宅に持ち帰って仕事をしなければ仕事が回らなかったそうだ。

　そのファイルは、東京重工の議事録の定型フォーマットであり、社名も秘密マークも大きく入っており、中身は当社のコア技術の優位性を分析した機密資料とのことだった。茨城曰く、この議事録の補足資料を作るためには、本件コア技術に関する他の資料も確認する必要があるため、野田は他の資料も家に持ち帰っていたはずとのことだった。

　再度システム部に確認したところ、野田は、上記メールと同時期に、本件コア技術に関するファイルデータを外部USBにダウンロードしていたことも分かった。茨城の言う通り、他の情報も持ち帰っていたのだろう。当社は、ちょうど半年前から外部USBの使用について厳しく管理するようになったが、それ以前は各部の判断で業務上必要な場合は使用を認めていたのだ。

　野田は当時、情報流用の意図をもって本件コア技術に関する情報を持ち帰ったわけではないかもしれないが、手元にデータがあるということは、転職にあたって利用できると思ったのかもしれない。

　なお、上記以外に退職前の怪しい動きがなかったかも確認したが、特に

問題となるような行為は見つからず、幸い、顧客や取引先など第三者の情報が抜かれていることもなさそうだった。

(4) 営業秘密といえるか

　藤沢は、野田の当時の動きを確認しながら、エネルギープラント製造部の協力を得て、漏えい事実の把握および漏えいされた情報の特定を進めた。

　また、野田およびナニワプラントに対し、不正競争防止法違反を問うのであれば、野田が漏えいしたと思われる情報が当社の「営業秘密」といえる必要があるので、エネルギープラント製造部での情報管理の実態も確認した。

　今回問題となっているコア技術に関しては、アクセス権限があった野田は自宅に持ち帰ることができてしまったものの、アクセス権限者は厳格に管理され、関連書類は「東京重工 CONFIDENTIAL」と記載されたフォーマットで統一され、パスワード・施錠管理されている等、当社の情報管理規程に従って部内で管理されていたことのことだった。そのため、千葉・勝浦・市川の三者が本件コア技術に関する情報にアクセスすることはできないはずとのことだった。

(5) 受注期限が迫ってきた……

　情報漏えいの可能性が発覚してから約 1 週間、野田が本件コア技術に関する情報を持ち帰っていたことは分かったが、情報漏えいについては間接的な情報ばかりで決定的な証拠を見つけられずにいた。藤沢は、野田の元同僚を含めエネルギープラント製造部で本件コア技術を扱うメンバーに状況を報告しつつ今後の進め方について意見を聞いてみた。すると、エネルギープラント製造部長以下、今回のナニワプラントの地熱発電設備に絶対に負けたくなく、仮に野田が情報漏えいしたのであれば元同僚とはいえ許せず、徹底的に争ってほしいとのことだった。藤沢は、現在の情報だけでは情報漏えいを立証し争うのは難しいかもしれない旨を説明しつつ、引き続きエネルギープラント製造部の協力を依頼した。

　その後、エネルギープラント製造部の分析・調査により、ナニワプラン

トの地熱発電設備は、本件コア技術を用いれば実現できる性能を備える以外は大した性能がないことが分かった。また、本件コア技術または類似技術を有していれば通常実現できるはずの付属性能もなかった。これはナニワプラントによる当社情報の使用を推測させる事実の一つになるのではないか。

　ここまで分析するのには 1 か月を要し、いよいよ地熱発電設備の受注スケジュール期限が迫ってきた。

3　警告書・通知書の送付

　藤沢は、関係者・顧問弁護士と協議のうえ、野田とナニワプラントに対する訴訟提起も見据えて、初期対応としては、野田の退職時誓約書違反をベースに、両者に対し警告書・通知書を出すという方針を決め、以下内容を含む書面を内容証明郵便でそれぞれ送付した。

〈対　野田〉
1. 退職時誓約書に基づき、当社の秘密情報を厳に保持し、第三者、特に転職先のナニワプラントに漏えいしないことを徹底するよう警告
2. 退職時誓約書に基づき、当社と競業する事業に従事しないことを徹底するよう警告
3. 仮に上記に違反している場合は速やかに通知・是正を求める旨
4. 当社は損害賠償および退職金返還を求める準備がある旨

〈対　ナニワプラント〉
1. 野田が退職時誓約書に基づき当社に負っている義務の内容
2. 野田が当社の秘密情報を持ち込まないことを徹底してほしい旨
3. 野田には競業避止義務があるので、当社と競業する事業に従事させないよう依頼
4. 既に当社の秘密情報が持ち込まれている場合には、不正競争防止法違反にあたる可能性もあり、速やかに通知・是正してほしい旨
5. 状況次第では、当社は法的対応をとることを検討している旨

第3講　製造業大手の情報管理――既存の情報管理体制の実効性確保

　当社としては、最終的にはナニワプラントによる地熱発電設備の販売を差し止めたい。とすると、ナニワプラントが不正競争防止法違反にあたる「不正取得」または「不正使用」を行ったといえる必要があるが、その立証ハードルは高い。

　上記書面送付後のナニワプラントの反応も見ながら、ナニワプラントが野田から持ち込む秘密情報をあてにして入社させたのか、当社の秘密情報が使われていたことを十分知り得たのではないか、それとも何も知らなかったのかも、注意深く検討しておかねばならないと思った。

　並行して、藤沢は、東京重工の他社員・退職社員に対しナニワプラントから引き抜きの話があったかどうかなど、ナニワプラントの意図を探るための周辺情報の収集も引き続き継続している。

4　その後

　一定期間が経ってもナニワプラントや野田から改善の意図など何の反応も見受けられない場合には、状況を見つつ訴訟対応をとることも考えている。また、ナニワプラントや野田の行為の悪質性によっては、警察に相談して刑事告訴することもありうるだろう。

　引き続きエネルギープラント製造部にはいろいろと協力を仰ぐ必要があることから、茨城とは今後もやりとりが続きそうだ。

　茨城いわく、野田の元同僚の一部はショックを隠せず、部内できめ細やかなフォローをすべく対応しているとのことで、エネルギープラント製造部内も大変そうだ。

　法的手続を進める一方、当社としては、第2、第3の野田を出すことを防ぐことも重要である。藤沢は、情報管理委員会を通じて、各部署にて情報漏えいの端緒を拾うための対策、および実際に漏えいが起きた場合の初動対応を整理することとした（190頁 **NOTE** 18参照）。

　また、本件については、一定の段階で、社内でコンプライアンス案件として明らかにし、情報漏えいについては毅然とした対応をとることを会社の姿勢として示していくという方針も改めて確認した。

藤沢は、思い返せば千葉一派の転職を機に、より厳しく退職者についてフォローする等徹底しておけば本件のような事態にはならなかったのではないかと悔しく思うとともに、不本意ながら今回のような事件が起きてしまったのだから、社内で教訓として活かさなければならないと気を引き締めた。

NOTE

16　漏えい事案への対応策とは

　秘密情報の漏えいは、従業員または退職者により行われるケースが少なくありません。自社の社員が技術情報をもって競合会社に転職するようなケースが典型的な事例です。また、悪意なく、退職者が自分の関与した案件の情報を記念に持ち帰り、会社の情報であるという意識なく退職後も利用（たとえば論文発表など）しようとする場合もあります。

　一般的に、従業員などの内部者による場合、情報へアクセスできる環境にあること等から、情報の持ち出しが容易となり、また会社側は情報の持ち出し行為に気づきにくいといえます。

　一旦情報が漏えいすれば、時間が経つほど、当該情報が拡散し、または当該情報を用いた製品が市場で流通する等、回収が困難になり、損害も拡大する可能性が高まります。また、競合会社に技術情報を流出したケースであれば、時間が経つと、競合会社での開発行為が進んでしまい、販売に至った段階で争ってもすぐに差し止め等に応じてもらえず紛争が長期化するおそれもあります。さらに、時間の経過により、関連当事者の記憶が薄れ、社内での証拠収集がスムーズに進まないリスクもあります。

　そのため、会社としては、情報の持ち出し（漏えい）の防止に注力するだけでなく、漏えいが生じた事態を想定し、早期に漏えい可能性を察知し対応するための仕組み作りを行うことが重要であり、具体的には、①情報漏えいの兆候察知の対策と、②漏えい可能性が判明した場合の初動対応・体制の整理が必要です。

第 3 講　製造業大手の情報管理——既存の情報管理体制の実効性確保

17　漏えいの兆候をどのように察知するか

(1)　漏えい事案の発覚経緯

　秘密情報の漏えいは、今回のケースのように、①取引先や市場から得た情報に基づき発覚する場合もあれば、②他社員からの報告や、③パソコンのログ等の社内情報から情報流出が発覚する場合もあります。「三菱 UFJ アンケート」(141 頁)によると、「役員、従業員等からの報告があったケース」が最も多く(30％超)次いで「第三者から漏えいしているのではないかと指摘を受けたケース」が全体の 20％程度を占めています(56 頁)。

(2)　漏えいの端緒を拾うための対応策

　漏えい可能性に関する情報の合理的・効率的な収集に際し、事業部・人事部・システム部等の、考えうる対応を以下に整理しました。

〈事業部門〉
- ➤従業員の動向チェック(不必要な残業、休日出勤、業務外のデータへの不必要なアクセス等)
- ➤競合他社の動向フォロー(自社製品と類似する製品の販売、類似する研究成果の発表等について、取引先・市場や業界誌などから情報収集)

〈人事部〉
- ➤退職者について、退職経緯、退職前トラブルの確認
- ➤ OB 会や同僚からのヒアリング等を通じて、退職者の就職先・配属部署を把握

〈システム部〉
- ➤大量のダウンロードをさせない仕組み、USB などの私物記録媒体等の会社 PC 接続の無効化、HDD を利用しないクラウド化、メールデータ/インターネットアクセスのアーカイブ化

〈総務部〉
- ・施設におけるセキュリティチェック、動線の検討

　なお、すぐに全社的な対応をとることが困難な場合でも、特に、ノウハウが蓄積されている分野やコア情報を扱う部門、システム管理部門(通常、広範な秘密情報にアクセスできる立場にあることが多い)など、漏えいリスク及びその影響が大きいと思われる情報を管理する部門を特に注視するという対応も考えられます(「秘密情報の保護ハンドブック」122 頁以下参照)。

18　初動対応として何をすべきか

(1)　事実関係の把握

　何らかの端緒により漏えい可能性が発覚した場合、早期に事実関係の調査を行います。具体的には、以下情報を整理する必要があります。

- 漏えいの事実の有無（漏えい情報・漏えい者・漏えい経路の特定等）
- 漏えい先の情報（漏えい先の特定、どのように情報を使用する可能性があるか、漏えい先の動向等）
- 漏えい情報の性質（コア情報か、技術的有用性、陳腐化までの期間等）
- 漏えい情報の管理状況（営業秘密に該当するか等）

　社内の情報収集の方法としては、各関係部門から必要情報を吸い上げる対応が原則かと思われますが、パソコンの利用履歴などを確認するため外部業者を用いて調査（フォレンジック調査等）を行う方法もありえます。

　実際に漏えいの問題が起きた際に、何をすべきか分からないという状況を回避し、社内で迅速かつ効率的に情報収集を行うには、（ⅰ）調査チームのリーダー（コンプライアンス関連部門）が的確に収集すべき情報を指示し、とりまとめる体制を作っておくこと、あるいは（ⅱ）各部署がそれぞれの役割を認識して有事の際にはワーキング・グループの形でスムーズに対応できるようにすることが必要であり、いずれにしても、平時より、各部門の役割を整理しておくと、有事の際に混乱なく進められます。

(2)　「営業秘密」該当性の確認

　漏えいの事実がありそうだとすると、不正競争防止法に基づく差止め等を視野に入れて、「営業秘密」の要件を満たすかどうかの確認も必要です。

　営業秘密の要件のうち、「有用性」は議論にならないことが多い一方、「秘密管理性」と「非公知性」は争われることが多く、「秘密管理性」については、適切な内規の存在とその周知徹底の状況やアクセス権限の状況など秘密管理措置の確認が重要であり、「非公知性」については、特許公報の読み込みなどにより、すでに類似の技術が公開されていなかったかといった点の確認をすることが考えられます（191頁 **NOTE** 19参照）。

第3講　製造業大手の情報管理——既存の情報管理体制の実効性確保

19　対応方針の整理

(1)　とりうる法的手段の確認

　上記事実関係の把握と並行して、対応方針の大枠も考えておく必要があります。たとえば本件のように退職者による漏えい事案であれば、漏えいを止めさせ、かつ損害回復するための法的な手段としては、主に以下のような内容が考えられます。

〈対　退職従業員〉

〔退職時の誓約書違反（内容に応じて）〕

秘密保持義務違反＋競業避止義務違反

↓

・漏えい行為／競業行為の差止め
・退職金返還請求
・損害賠償請求

〔不正競争防止法違反〕

営業秘密の不正使用

↓

・不正使用の差止め
・損害賠償請求

〈対　漏えい先会社〉

〔不正競争防止法違反〕

営業秘密の不正取得／不正使用

↓

・不正取得／不正使用の差止め
・損害賠償請求

(2)　事実関係を踏まえた対応方針の整理

　具体的な対応・進め方は、事実関係に照らして決めることとなり、たとえば、実際に漏えいが生じた後なのかどうか、悪意ある漏えいなのかどうか、漏えいによるインパクトがどれくらいか等、各種事情により対応方針は異なります。

　いずれにしても、相手方（漏えいをした者またはその情報を利用した者）においては、証拠隠滅に動く可能性があることを想定して、慎重にかつ早期に対応方針を整理する必要があります。

　漏えいが疑われる場合、常に訴訟対応をとるとは限りません。たとえば、

191

退職者に悪意がなく実際に情報を開示・漏えいする前のケースであれば、当該退職者と協議し、情報利用を止めることについて確認書をとるという方法が考えられますし、また、漏えいインパクトが小さいケース（漏えいした情報が早期に陳腐化する場合など）では、特段の対応は不要という結論に至ることもあるかもしれません。

　他方、競合他社に重要な技術情報が持ち込まれたケースなど漏えいインパクトが大きい場合には、警告書を内容証明により送付し、相手方が是正しない場合には民事訴訟提起する、並行してまたは先行して警察へ相談するなど、必要に応じて顧問弁護士などに相談しながら進めることになるかと思われます。

　実務上は、差止め対象の「営業秘密」を相手方に提示する（または訴状に記載する）場合、当該「営業秘密」の詳細が分かるような記載をしてしまうと、相手方の更なる情報流用等を招くリスクもありますので、裁判所に認定してもらえる程度に具体的ではあるものの、ある程度は抽象的に記載する塩梅も重要になり、このあたりは、関連する事業部の協力が不可欠です。

　また、顧客・取引先情報の漏えいのおそれがある場合、さらに、当該顧客・取引先に対し、情報漏えいがあった可能性があることおよび必要な手続を講じている旨を連絡し、レピュテーションの被害を最小限に抑えるべく、事業部門及び必要に応じてIR部門と連携して対応する必要があると考えられます。

(3)　漏えい事案で泣き寝入りしないために

　漏えい事案においては、事実関係の調査を行う会社は多いものの、実際に民事訴訟を提起したり刑事告訴したりするケースは少ないようです（経済産業省「営業秘密管理事態に関するアンケート（2012年12月）」によれば、事実関係の調査を行った会社が50％であるのに対し、民事訴訟を提起した会社は5.8％、刑事告発した会社は3.7％にとどまります）。

　訴訟提起等に至る前に、警告書の送付等を通じて解決するケースや、被害規模を踏まえると訴訟提起するほどではないと判断するケースもあれば、十分な証拠がない等の理由により訴訟提起を断念したケースもあるかと思われます。

　証拠が不十分なので泣き寝入りするというような事態を避けるためには、平時から証拠収集できる体制を整えることが重要となりますが、自社で収集する情報に限界があることは否定できません。近年、不正競争防止法の改正による立証責任の一部転換や、刑事手続きの利用促進（刑事罰の非親告罪化

や、各都道府県警に1名以上の営業秘密保護対策官というポスト新設など）など、被害企業を救済する方向で法改正等がなされているところではあります。ただ、相手方企業の内情（不正取得・使用の事実等）についての立証の難しさは十分に認識しておくべきであり、だからこそ事前の漏えい防止策や、早期に漏えいを察知し被害拡大を防ぐことが重要であるといえます。

[20] 会社としてどう対応するかという視点

　漏えい事案への対応を考えるにあたっては、法的対応のみで問題を解決しようとしないことが重要です。法的対応のみを重視すると、勝ち負けに意識がいきがちですが、この種の問題を検討するには、会社の意思が重要となります。たとえば、時間と労力をかけて開発した製品の技術者が漏えい行為をどのように見ているかということを考慮することは、本件にとどまらず、従業員のモチベーションを含めて、今後の会社の開発業務への姿勢を見せることにもつながると思われます。

　会社としては、徹底的に調査し、漏えい者等の違反当事者に対する責任追及を行うだけでなく、情報管理に問題があったのであれば関連従業員に対する懲戒処分を検討し、またリスク案件として周知等することで、会社として情報管理を重視し、漏えい行為を断乎として許さない姿勢を示すことは、今後の再発防止に向けても意味があると思われます。

第4講 海外における情報管理

---- **本講のねらい** ----

本講では、日本企業が海外に進出するにあたり、秘密情報管理の観点から気をつけるべき点は何かを考察しています。

日本と海外での違いに注目して読み進めてみて下さい。

---- **設　定** ----

国内大手の重工業メーカー「東京重工業株式会社」は、コイズミスクリューとの地熱発電設備用タービンの共同開発を数年の開発期間を経て、無事成功裏に収めることができた。ナニワプラント株式会社への従業員退職による情報漏えい事件も終結し、「東南アジア A-1 プロジェクト」として立ち上げていた地熱発電設備拡販プロジェクトも発展的に解消。現在では、東京重工業が全額出資する子会社を東南アジアのＸ国に設立している。

---- **主な登場人物** ----

○水戸――Ｘ国駐在　X-Tokyo Heavy Industries 社長（前プラント製造部長）

50歳、新卒で入社以来、プラント製造部門一筋。Ｘ国での地熱発電設備の拡販のため、はじめての海外勤務。現場で一緒に働く立場に常に立ち、人情派の一面も持つ。

○田中――Ｘ国駐在　X-Tokyo Heavy Industries 管理部長

45歳。東京重工業本社からの出向者。

○キャサリン――Ｘ国出身　X-Tokyo Heavy Industries 製造・技術担当部長

38歳。同社設立時に入社。X国の大学にて設計技術を学んだ。2児の母の一面も持つ。

○大宮——本社　法務、総務、人事、システム担当取締役

60歳。総務法務などの担当役員。

○鎌倉——本社　法務部　部長

51歳。真面目で理論派。人の話に耳を傾け、調整するバランス型のタイプ。

○藤沢——本社中堅社員

32歳。言うべきことははっきり言う性格で、仕事には真面目で厳しい。

■登場人物　相関図

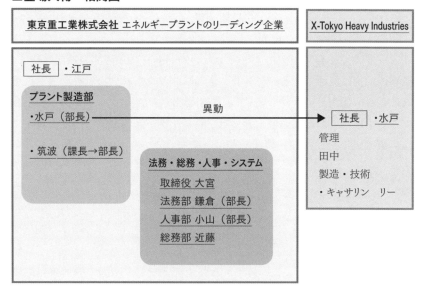

第 4 講　海外における情報管理

CHAPTER1
▶海外子会社の管理（ガバナンス）

　管理部門の担当取締役である大宮は、廊下ですれ違いざまに法務部の鎌倉に声をかけた。
「鎌倉君。3年前に東南アジアX国に設立したX-Tokyo Heavy Industriesという製造会社。最近どうだね。順調だろうか？」
　大宮はいつも何気なく問いかけるが、そんな時、鎌倉は少し身構える。必ず宿題を背負わされることになるのが経験則だからだ。
「ええ。あそこは順調と聞いています。もともと当社肝いりのプロジェクトでしたからね。プラント製造部、プラント開発部などからエース級の人たちが現地へ出向しています。社長は水戸さん（元プラント製造部長）がなりましたしね」
「いやー。あのナニワプラントの事件があったからね。情報管理にはくれぐれも注意しないといけないしな」
「大宮取締役。その点は水戸さんにも伝えてあります。ただ、ご存じのとおり、経営層を日本人出向者で固めていますし、あの会社はX国の中にありますが、実質は日本の会社と同じですよ。情報管理の規程も現地の法律に抵触していないか等の最低限のチェックだけして、あとは日本流そのものです」
「そうか。でもX国の経済成長は最近目覚ましいものがある。当社も単にX国に安い労働力のみを期待するだけでなく、魅力ある市場として考えなきゃいけないと思うんだ。だとすると、うちの会社も経営層を日本人で固めるとか、そんな発想だけじゃ、競争に負けちゃうだろ。X国の優秀な人材を集めて、彼らの考え方も積極的に取り入れた情報管理をしていかなきゃいけないだろ。そうそう、ダイバーシティとかいうじゃないか」
「そうですね」
　鎌倉は相槌を打つと同時に嫌な予感もした。

「そのあたり、人事の小山君とよく相談して、今度いろいろ教えてくれよな。ヨ・ロ・シ・ク。それじゃ、次の会議があるからまた」

大宮は去っていった。

鎌倉はまたしても、重い宿題を与えられてしまったのだった。

NOTE

1 海外子会社とどう向き合うか

(1) グローバル化とガバナンス

日本企業の「グローバル化」が唱えられるようになって久しいところです。かつての日本企業は、特に新興国に対し、これらの国・地域の安い人件費を求めて進出している場合が多かったといえるでしょう。しかしながら、昨今では、新興国を、「これからますます発展する魅力ある市場」として考え、進出している場合も多く見受けられます。ストーリーに登場する東京重工業のような日本企業の海外進出に伴い、技術ノウハウを中心とした「営業秘密」も同時に海外へ流出されることになります。そこで、日本企業が国内に拠点を設ける場合と比較して、海外に進出する場合にはどのようなガバナンス上の留意点があるか、まずは検証していきたいと思います。

(2) 日本流管理の横展開

日本企業の中には、日本でのビジネス上の成功体験の手法をそのまま現地へ持ち込む会社も少なくありません。日本から派遣された日本人出向者が現地の責任者に収まり、経理、製造、技術、人事、生産管理の主要ポストの責任者は軒並み日本人で占めます。このような日本流の管理方法を進出する海外の法人にそのまま導入することは、当該法人の立上げ時においては有効な方法となりうるでしょう。現地に関して特に立ち上げのノウハウを持っていないときはなおさらです。

しかしその一方で、当該海外現地法人が立上げから一定の年月が経ち、特に現地人社員に一定の成長が見受けられる場合、いつまでも日本流の経営をそのまま現地に押し付けるだけでは経営が行き詰まってしまうおそれもあります。すべてが日本流で現地人社員の考え方や方法、さらには現地の文化、風習を取り入れない方法での企業経営では、どうしても成長が頭打ちにならざるをえません。

東京重工業の場合、大宮取締役もこのあたりの点を気にしています。新興国等のニーズを取り入れ、現地の文化・慣習を理解し、その地域に根ざした経営をしていかなければ、更なる企業の成長はないと言っても過言ではないでしょう。日本本社の意向を忠実に実行するだけの日本人出向者では、何か現地で業務を遂行するにしても、都度、日本本社の意向を確認するため、実行するまでに何事も時間を要します。これでは、現地の競合会社との競争に劣後してしまいます。現地の子会社が迅速に意思決定をするためには、日本本社は、現地の経営層が迅速な事業運営を可能とするよう、大幅に権限を委譲していかなければならないでしょう（ガバナンスの進んだ日本企業では、本社の執行役員等に海外子会社の外国人責任者を登用することにより、経営手法そのものを日本から多様化・グローバルさせています）。この大幅な権限委譲には、日本人出向者から現地の文化・慣習を熟知し、ビジネス環境の変化に対応できる現地人社員への委譲も含まれています。
　一方で、現地に何から何まで「お任せ」するだけの「放任経営」でも、グローバル経営では大きなリスクを抱えることになります。子会社のコンプライアンス違反などによって、当該子会社だけでなく、企業グループ全般のレピュテーション（評判）を毀損してしまったり、日本本社の取締役が善管注意義務違反を問われることもあるからです。
　そのため、日本本社は、グループ全体の利益の最大化を図るため、海外子会社に対し、権限を与えるだけではなく、適正なコントロールを加えていくのがよいでしょう。
　「権限移譲」と「本社によるコントロール」のバランスを適切にしていくこと。つまり、「任せるが検証する」。これが海外子会社の管理（ガバナンス）の要諦ともいえるでしょう。

(3)　海外子会社の管理（ガバナンス）の手法
　海外子会社のガバナンスの手法は、「①人の派遣によるガバナンス」、「②法・内規によるガバナンス」「③仕組み導入によるガバナンス」に大別できます（毛利正人『図解海外子会社マネジメント入門』（東洋経済新報社、2014年））。親会社である日本本社は、これらの手法をもちいて、一定の影響力を海外子会社に対して行使します。
　①「人の派遣によるガバナンス」
　海外子会社の経営トップ、あるいは経理責任者等を日本本社などから派遣する方法です。この方法は、前述のとおり、海外子会社に派遣される責任者等が本社の意向を熟知しているので、本社がめざす目的を早期に達成するた

めには有効である一方で、当該責任者等が日本本社の意向に従いすぎてしまうことで、現地の独自性が出しにくくなることもあります。また、当該日本人出向者がいわゆる「ワンマン」的な経営をするなど、属人的なコントロールが強くなりすぎることにより、現地社員への権限移譲が進まなくなることにも注意する必要があります。

②「法・内規によるガバナンス」

日本の親会社の取締役が会社法等により善管注意義務を負い、また、海外子会社に対し管理監督責任を負っていることを理由として、子会社に対し、親会社への説明責任を求めるというものです。会社法では「株式会社の業務の適正を確保するために必要な体制」（第362条第4項第6号）すなわち「内部統制体制」の構築義務を取締役に求めており、また、金融商品取引法においてはこれを「当該会社の属する企業集団及び当該会社に係る財務計算に関する書類その他の情報の適正性を確保するために必要な体制」と表現し（第24条の4の4）、「内部統制報告書」の提出を対象企業に求めていますが、これら対象企業には海外子会社も含まれます。

親子会社間でこれらを契約の形にして要請したり、内規に定めることで拘束力を持たせる場合もあります。日本の親会社が、外部や社外役員等に対して、目に見える形で「管理」していることを示すには有効な方法でもあります。ただし、契約や内規に記載されることは抽象的になりがちであり、「絵に描いた餅」にならないよう、実効性を持たせることが重要でしょう。

③「仕組み導入によるガバナンス」

日本本社が子会社の方針や方向性を決め、その運営状態をモニタリングするもので、そのために本社が設計した仕組みを埋め込むというものです。たとえば、定期的な日本本社への報告義務、業務プロセスのITによる見える化などが考えられます。

海外子会社を管理するためには、結局のところ、上記3手法のいずれかをやればいいという話ではなく、人やマインドといったものに、仕組みや内規を適正にハイブリッドさせながら行うことがよいとされています。

(4) コンプライアンスとガバナンスとの関係

海外子会社を経営するためのリソース（資源）というのは無限ではないのは明白です。限りある資源を効率よく使っていかなければなりません。そのため、自社においてコンプライアンス違反が発生する可能性の高い事業、地域がどこなのか、また、コンプライアンス違反が発生した場合にグループ内での影響度が大きな事業、地域がどこなのかなどを客観的に分析することが

必要です。これらの高い事業、地域へ優先的に資源を投入するという、いわゆる「リスクマネジメント」の手法を用いるべきだからです。

　また、コンプライアンスは、健全な子会社のガバナンスがあってこそはじめて成立します。たとえば、どんなに優れたコンプライアンス体制を構築したとしても、海外子会社責任者や経営トップが違法行為を行おうと思えば、それはできてしまうからです。そのため、日本の経営トップやその意向を受けた子会社責任者が、コンプライアンス違反を撲滅するという強い姿勢（Tone At the Top）を示し続けることがとても重要です。

(5) 　海外子会社における「営業秘密の管理」

　本書でメインテーマとしている「営業秘密の管理」も、コンプライアンスの一つです。営業秘密の保護の経営上の重要性は会社により差はあるものの、企業の競争力の源泉として守るべきプライオリティはきわめて高いと考えるのが一般的でしょう。

　日本の親会社は、海外子会社に営業秘密管理を適切にさせるために、ガバナンスの見地から、本社がコントロールできるだけの人材の派遣、関連する内規の整備、そして、営業秘密を管理するだけの仕組みを本社から導入することから、まずは考えることが一般的です。

　営業秘密の漏えいリスクにより、営業秘密管理の重点拠点、地域のプライオリティ付けは変わりうるので、その管理方法は「秘密情報の保護ハンドブック」などを参考にして下さい。

　一方で、この日本の親会社の手法を横展開するだけでは、現地における営業秘密の法令、慣習を考慮しないことにもつながります。この点については、立ち上げ時の際に、現地の法律事務所等へ確認することが必要です。また、当該海外子会社のガバナンスが成熟し、あるいは現地人社員の成長に伴い、適宜、当該地域の法令・慣習も考慮した、より実効性の高い営業秘密管理体制へのアレンジを検討すべきでしょう。

　いくら管理の手法を立派に作っても、それが形だけで中身がなければ「絵に描いた餅」となってしまいます。最終的には「営業秘密の漏えいはさせない」という経営トップの強い意思を、子会社の社員に「理解」させるレベルから、「腹落ち」させるまで行う意識改革が最も求められるべきところとなるでしょう。

CHAPTER2
▶製造ノウハウの海外移転

　東京重工のX国における現地法人 X-Tokyo Heavy Industries は製造子会社である。社長に就任した水戸は、今から約3年前の会社設立から間もない頃、法務部の藤沢に情報管理の方法について相談していた。
「藤沢君。プラント製造の水戸です。久しぶりだね。辞令が出ているから知ってると思うけど、僕は今度できた新会社に行くことになったんだ。藤沢君には例のA-1プロジェクト（東南アジア向け地熱発電設備拡販プロジェクト）では大変お世話になったね。どうもありがとう」
「いえいえ、水戸社長。まずはご栄転おめでとうございます。私も例のプロジェクトがこうして実を結ぶ結果となったことを嬉しく思っています」
「いやいや、本当のプロジェクトの成功は、X国で地熱発電設備がたくさん売れて、同国の発展に少しでも貢献できたときだよ。私はまずはその橋頭堡にならなくてはね。藤沢君にはこれからもいろいろ頼むよ。
　ところで、情報管理のやり方はどうしたらいい？　僕はプラントの製造しかやったことないからね。本社のやり方をそのまま新会社にも導入すればいいのかね？」
「まずは、日本流を輸入する方がいいと思いますよ。ただ、情報管理は会社の規模や扱っている情報によっても異なってきますし、海外だと特殊事情があることもありますから、柔軟に対応することが必要ですね」
　X-Tokyo Heavy Industries の立上げに関しては、日本本社の地熱発電設備の製造にかかる技術情報、すなわち、設備・金型の設計図、製造工程、基幹技術、製造ノウハウの技術が供与された。

2 製造ノウハウの海外移転の留意事項

(1) 移転前の対策

(ア) 現地の専門家を通じた国、地域の事前調査

進出前に同国の調査等を十分に実施することが重要です。

(イ) 情報の棚卸し

移転する技術情報の棚卸しを行います。具体的には製造拠点での製造ラインごとに必要となる技術情報を確認し、それぞれの技術情報について、アクセスを認める従業員を確認していくこと等が考えられます。

【技術の棚卸しイメージ（半導体製造技術の移管を想定）】

工程		技術項目	開示レベル
前工程	回路設計・パターン設計	a)・・・・・ b)・・・・・	各技術項目ごとに、開示レベルを決定する。 （例） 【開示不可】：海外子会社に開示しない（ブラックボックス化） 【極秘】：日本からの出向者のみに開示を認める 【部外秘】：業務に携わる従業員にのみ開示を認める。 【社外秘】：業務に携わる従業員及び必要な外部ベンダーに開示認める。
前工程	フォトマスク作成	a)・・・・・ b)・・・・・	
前工程	ウェハー製造	a)・・・・・ b)・・・・・	
前工程	素子形成・電極製造	a)・・・・・ b)・・・・・	
前工程	ウェハー検査	a)・・・・・ b)・・・・・	
後工程	組立て	a)・・・・・ b)・・・・・	
後工程	試験・検査・マーキング	a)・・・・・ b)・・・・・	

(2) 製造に関する技術情報の流出防止策

現地法人に製造を任せる場合、その製造に関する技術情報が多くの同社社員に開示されることになります。この場合も「持出困難化」や「接近の制御」「視認性の確保」といった防御方法（110頁 第2講 **NOTE** 2参照）を念頭に当該技術情報の開示方法を検討して下さい。

(ア) 基幹技術のモジュール化

基幹技術を開示する場合には、モジュール化することで個々の技術情報の開示に比べ漏えい時のリスクを低減できる場合があります。

(イ) 生産プロセスの秘匿化

供与する生産プロセスに秘匿化された技術を活用することで、漏えい時には、生産プロセス全体の漏えいに比べ、利用を限定することができます。

(ウ) その他の対策

➢ ノウハウの化体した製造に関する技術を開示する社員は限定し、管理を徹底する
➢ 製造設備の購入先を開示する社員は限定し、管理を徹底する
➢ 製造設備の改変・メンテナンス等に関与する社員は現地恵し、管理を徹底する

これらの事項は、立ち上げ時には日本人出向者である技術・製造社員を中心とした者に限定するなどして事業を進め、徐々に現地化を進めていく方法も考えられます。

(4) 従業員等を通じた技術情報の流出防止策

特定の海外では転職が恒常化しており、日本と比較して従業員の入れ替わりが多い場合があります。情報管理上、日本より一層、従業員等を通じた技術情報の流出防止策を検討することが重要となります。

(ア) 会社と従業員との間の秘密保持契約書の締結

入社時、昇格時および退職時等に従業員との間で秘密保持契約書を締結することが有効です。また、必要な場合には、退職後の競合制限義務を課すことも検討するべきでしょう。

（※）特定国の労働関連法制度では、ある一定の経済上の補償を与えることで、秘密情報を保有している従業員に対して、労働契約の終了後一定期間の競合制限義務を課すことができる場合があります（231頁 **NOTE** 6参照）。

(イ) 秘密情報の管理体制を構築
　日本で自社が実施しているものと同等、またはそれ以上の秘密情報の管理体制を構築することが有効です（入退室記録管理、防犯カメラの設置等）。
(ウ) 従業員教育の実施
　従業員の中には、秘密情報の概念を持ち合わせていない従業員がいることも考えられるため、そのレベル・階層（秘密情報の取扱い頻度等）に応じた教育を実施することが有効です。
(エ) 従業員の定着率の向上
　賃金の改善、管理職への登用、インセンティブの導入など、従業員が定着するように待遇の改善を検討する余地もあります。

CHAPTER3
▶ 海外における情報管理の注意点

「おはようございます。水戸といいますが、鎌倉さんはいらっしゃいますか？」

月曜の朝、鎌倉が出社後席に着くや否やかかってきた電話を取ると、X-Tokyo Heavy Industries に、社長として出向中の水戸の声が聞こえた。水戸と鎌倉は年が近いだけでなく、地熱発電設備の拡販プロジェクトにおいて水戸が製造部門の責任者、鎌倉が法務部門の責任者として、お互い協力しながら対応していたこともあり、今ではすっかり気の置けない間柄である。

「鎌倉です。おはよう、ずいぶん早いね。そっちはまだ就業時間開始前じゃない？」

そう応えながら鎌倉が居室の時計を確かめると、針はちょうど午前9時を指している。X-Tokyo Heavy Industries のあるX国とは時差が2時間ほどあるので、X国では午前7時になったところのはずだった。

「今、第2製造ラインの立上げに向けて大事な時期だからね。皆、第1製造ラインよりもよりよいものに仕上げようと、てんてこ舞いで毎朝7時前には出てきてるよ。ところで、当社の立上げのときにとりあえず、秘密情報管理規程を制定したのを覚えてるかい？」

「あ〜、それなら覚えているよ。確かに日本本社の規程の英語版を参考として渡したはずだけど？」

「そうそう。それを受け取って、現地の弁護士先生にチェックしてもらって、ほぼそのまま制定したんだよ。ただ、どうしても当初の規程そのままを適用しようとすると、実務的には無理が出てきていてね」

「どんな風に？」

「そうだな……」

水戸は現地社員であるキャサリンと話をしたときのことを思い出しなが

ら、ゆっくりと応える。
「特に無理が生じているのが、重要な技術へのアクセスを日本からの出向者のみに限定している部分なんだ。第2製造ラインが立ちあがると、当該情報にアクセスできるのが日本からの出向者だけでは到底生産ラインを回しきれないおそれがある。優秀な現地社員もいてね。生産ラインのトップを任せたい人材もいるんだ」
　そのためには、彼らに重要な技術情報にもアクセスを認める必要が出てくるだろう。
「なるほど……」と答えながら、鎌倉は、大宮との役員フロアの廊下での会話を思い出していた。大宮から話を聞いたときには、情報管理の見直しが必要となるのはもうしばらく先の話だと思っていたが、予想よりも早くその時期が来ていたようだ。
「実は先日、大宮さんからも『海外子会社の実態に合わせた情報管理体制を構築していくべきでは？』との指摘を受けていて、ちょうど体制の見直しについて考えていたところなんだよ」
　鎌倉がそう答えると、水戸も気が楽になったのか、「そうか、大宮さんもそんなことを言っていたのか。それなら、現規程の適用で生じている問題点を整理して改めて連絡するので、また打合せしてもらえないかな？」と弾んだ声で返してきた。

「もうひとつ相談があるのだけど……」とさらに水戸は続ける。
「今から第2製造ラインを立ち上げるため外部のベンダーと打合せをしていくのだが、その際にもやっぱり注意が必要なのだろうか？」

　水戸曰く、第1生産ラインは日本本社の生産ラインをそっくりまねたものであるため、それまでに取引のあった日本の設備メーカー等との取引が主となり、技術情報漏えいにはさほど注意を払っていなかったのだが、第2製造ラインを建設においては、これまでの操業から見えてきた改善点を反映しつつ、さらにコスト競争力を高めるべく、現地の設備ベンダーにも見積もりを依頼していくとのことであった。

「もちろん、その設備メーカーとはきちんと秘密保持契約は結んだ方がいいよ。それよりも、どこまで重要な情報を開示するかが問題じゃないかな。特にこれまで取引がなかったところは、本当に漏えいされては困るような情報は出さないようにするのが望ましい。それに、どうしても重要な情報を開示しなければならないのであれば、通常よりも厳しい秘密保持義務を課しておくべきだろうね」

「そうか。今こちらの手元には、ごく普通の秘密保持契約はあるのだけど、よかったらその『厳しい』秘密保持契約案も作成しておいてもらえないか？ 開示する情報の内容と相手方に合わせて使い分けていくようにするよ」

「了解。なるべく早く作成してまた連絡するね」

　その後、しばらく水戸のＸ国での生活状況等、たわいのない話をして電話を切った。現地での企業秘密漏えい防止のためにはまだまだ気が抜けない状況である。一息つくためのコーヒーを入れつつ、「まずは、現地社員とのコミュニケーションを密にしないといけないな」と一人つぶやく鎌倉であった。

NOTE

③ 海外子会社での情報管理体制の構築

(1) 海外子会社での情報管理体制

　海外子会社で利用される営業秘密の棚卸しが完了すれば、棚卸しにより確認された情報開示レベルが海外子会社にて遵守されるべく、海外子会社の情報管理規程を作成していきます。情報漏えい対策としてどのような点に留意していくのかについては、基本的には国内での情報管理体制構築時に検討すべき事項と大きくは変わりません。しかしながら、同じグループ会社とはいえ、国内本社と海外子会社とでは事業内容や組織体制、IT投資の状況等が異なっていたり、リスクの所在がさまざまであったり、また、情報セキュリ

ティにかけられる予算や人手にも差があったりするため、必ずしも日本国内での情報管理規程を含む運用手順を現地言語に翻訳するだけでは、実効性のある情報管理体制の構築にならない可能性があります。

　また、一般に、以下㈦～㈹のような理由から、海外子会社で国内と同程度の情報管理体制を敷くのが難しいといわれており（「情報セキュリティガバナンス導入ガイダンス 補足編 〜 企業グループにおける情報セキュリティガバナンスモデル〜」（株式会社三菱総合研究所））、海外子会社での情報管理体制構築においては、現地の弁護士とも相談の上、その国・地域に即した方法にカスタマイズし、かつグループ横断的な連携・啓発担当者が海外のグループ各社を訪問し、管理者や従業員と意見交換を進めて、コミュニケーションを強化することで、グループ企業間での共通的な情報管理ポリシーに対する共通認識を確立しておくのが望ましいでしょう。

　㈦　政府の規制、基準の違い

　たとえば、日本では一定範囲であれば認められる、従業員に対する退職後の競業禁止義務が、別の国・地域では一切認められない（詳細は231頁参照）等、国・地域ごとに法制度の違いがあります。また、知的財産保護制度の成熟度や、法制度・法運用の透明性も国・地域により異なっており（※）、そうした国・地域ごとの規制・基準を踏まえた上で海外子会社の社内管理体制を構築していく必要があります。

（※）たとえば「ASEAN・南西アジアのビジネス環境をどうみるか？（2014年4月22日　日本貿易振興機構）」、「海外リスクマネジメント実態調査調査報告書（平成28年2月　独立行政法人中小企業基盤整備機構）」の企業へのアンケート結果では、特にミャンマーや中国に対して知的財産権保護の不十分さ・知的財産権に関するトラブルのリスクを感じている企業が多いことが示されています。

　㈵　方針、規程等の翻訳に伴うニュアンスの違い

　言葉の持つニュアンスは、言語ごと、国・地域ごとに異なっているため、ある言語から別の言語に翻訳する際には、そうしたニュアンスの違いに配慮した言葉に置き換えていかなければいけません。意図せずして、非常に尖った物言いとなったり、また逆に重要なメッセージが、重要な者と伝わらないといった問題を生じさせることがあるからです。

　また、そもそも日本以外の国や地域では理解しにくい概念や、社内用語・社内スラング等は、そのまま直訳しても意味が伝わらず、かえって混乱を生じさせてしまいます。

そのため、海外子会社に国内で用いている方針・規程を適用させる場合は、そのような翻訳に伴うトラブルを回避するために、規程の内容を再度見直し、必要に応じて、より平易な言葉で説明を追加する、不要なものは削除しておく等の対応を行っておく必要があります。

(ウ) 従業員のロイヤリティ、帰属意識の違い

一般的に、海外では、日本よりも離職率が高いと言われており（※）、企業に対する帰属意識が低いと言われています。そのため、もし日本国内の規程が従業員のロイヤリティ・帰属意識に期待した、いわゆる「性善説」に則った規程であれば、海外子会社に展開する際には、より「性悪説」的な観点から規定の見直しを行う必要が生じます。

（※）たとえば「ASEAN・南西アジアのビジネス環境をどうみるか？（2014年4月22日　日本貿易振興機構）」において、マレーシアでは「終身雇用という概念がないことから、転職は一般的であり離職率が高い」「転職すると給与が上がるのが慣習となっている」と言われており、タイについても「少しでもよい条件の工場に転職を繰り返すジョブホッピングも目立っている」旨報告されています。

(エ) 従業員の情報管理や知的所有権に関する意識の違い

いくら厳格な規程を策定しても、従業員に情報管理・営業秘密保護の重要性が理解されていなければ、情報漏えい事故が生じるリスクは減少しません。そのため、情報管理を徹底するためには、従業員に対する情報管理や自社営業秘密の重要性を理解させるための啓蒙活動等、地道な活動が必要となりますが、これは一朝一夕に実現できるものではなく、結果として、海外子会社で情報管理体制を構築するに際しての大きなハードルとなることがあります。

(オ) 地政学的リスク

地政学的リスクとは、ある特定の地域が抱えている政治上・軍事上の問題により、企業が損失を被るリスクのことをいい、一般的な例として、戦争・紛争、テロ、犯罪、災害等が挙げられます（※）。

（※）たとえば「ASEAN・南西アジアのビジネス環境をどうみるか？（2014年4月22日　日本貿易振興機構）」、「海外リスクマネジメント実態調査報告書（平成28年2月　独立行政法人中小企業基盤整備機構）」の企業へのアンケート結果では、パキスタン、バングラディッシュ、タイ、インドネシアに対し治安・政情面でのリスクを感じると回答する企業が多く見られています。

地政学的リスクが高まれば、企業が被る損害は営業秘密漏えいに留まると

ころではありませんが、そのような地域の子会社においては、万一に備えた情報管理規程（たとえば、事業撤退や長期操業停止時における、営業情報の日本への回収方法や破棄の規定など）を設けることも検討しておくべきでしょう。

(カ) 宗教、文化、民族の違いによる意識や価値観の違い／多言語、多民族から構成されている場合のコミュニケーションリスク

一般に、海外においては、価値観・慣習・文化などが、国ごと・民族ごとに異なることから、社内規則・ポリシーを制定するに際しては、それらに配慮して制定していくことが必須となります（※）。これらに十分な配慮ができないままでは、従業員の企業に対するロイヤリティや帰属意識も高まらず、十分な情報管理体制の構築を阻害してしまいます。

(※) たとえば「海外リスクマネジメント実態調査報告書（平成28年2月　独立行政法人中小企業基盤整備機構）」の企業へのアンケート結果では、多くの企業が、インドネシア・インドが、商慣習・風俗・宗教に関するトラブルのリスクが高い国として認識していることが示されています。

一方で、本ストーリーで東京重工業がそうであったように、諸事情によりはじめから進出先のビジネス環境にマッチした情報管理体制を海外子会社で制定することが難しい場合、まずは日本本社の規程を翻訳にしたものを、現地法律事務所やコンサルタントに相談することで法規制や習慣の違いなどを踏まえてアレンジした規程を制定し、徐々に現地人スタッフなどの考えを取り込んで、規程を改定していくという考え方も現実的と思われます。

また、海外子会社の情報の漏えい防止により即効性を求めるのであれば、規程策定やマル秘表示といった「秘密情報に対する認識向上」の措置よりも先に、「記録媒体の持ち出しを困難にするための対策」にまずは注力すべきでしょう（特に廉価で入手でき、かつ一度に大容量を持ち出すことのできるUSBメモリを使用できなくする措置は、大規模な情報漏えい事件にUSBメモリが使用されていることを鑑みると有効な措置と思われます）。あるいは、キーパーソンのアクセス制御に的を絞った対策をする方法も有効です。

(2) 合弁企業での注意点

自社が全額出資する子会社であっても、上記のような理由により日本本社と同内容の管理規程を導入することが困難な場合があるのですから、他企業との合弁会社の場合は、なおさら他の合弁パートナーとの情報管理文化の違

いから、情報管理規程の制定が難航することが想定されます。

　他の企業と合弁会社を設立する場合は、事前に合弁パートナーの営業秘密保護に対する考え方や合弁パートナー内の情報管理規程の有無およびその内容を確認しておくことが肝要です。

(3)　従業員に負わせるべき秘密保持義務

　上記で制定した情報管理規程を従業員に遵守させるためにも、当該規程を遵守する義務を盛り込んだ秘密保持契約を、海外子会社とその従業員間で取り交わしておく必要があります（詳細は236頁参照）。

(4)　管理体制の運用

　情報管理規程を策定し、従業員との秘密保持契約を締結しても、実際にその情報管理体制を運用していかなければ、営業秘密保護は図れません。運用に際しては、従業員への当該情報管理規程についての啓蒙活動と併せて、秘密情報の管理に係る社内表彰の実施や、情報漏えい者に対する懲戒処分の内容の周知およびルール違反の軽重に応じたメリハリの利いた懲戒手続の運用も重要となります。なお、特に重要性の高い営業秘密にアクセスする者に対しては、その者との秘密保持契約・雇用契約に秘密保持義務違反時の予定損害賠償額を明記する等の運用もありえますが、当該規程が有効か否かは各国ごとに異なりますので事前に現地弁護士等への確認が必要です。

４　外部ベンダーに向けた対策

　海外の外部ベンダー等、資本関係のない取引先に営業秘密を開示する場合は、委託側のコントロールも難しいことから、より一層厳重な情報管理が求められます。基本的には、漏えい対策は国内の外部ベンダーに営業秘密を開示する際の対策と大差はありませんが、主に以下の対策が必要となります。

(1)　情報開示前の事前準備

　㋐　自社営業秘密の棚卸しおよび外部ベンダーへの業務委託方法の検討営業秘密を一旦外部に開示すれば、どれだけ開示相手に厳しい秘密保持契約を課したとしても、漏えいのリスクを完全に払拭することはできません。

　そのため、外部ベンダーに営業秘密を開示する際には、事前に、外部ベンダーに委託する業務に係る自社営業秘密を棚卸しし、万一漏えいしてしまえば自社の競争力に重大な影響が生じる情報（コアノウハウ）と、それ以外の情報の選別を行い、コアノウハウをブラックボックス化して、外部ベンダーに開示せずにすむ業務委託方法を検討することが肝要です。

コアノウハウのブラックボックス化の方法は、たとえば、コアノウハウがキーパーツとなる素材や部品の製造方法に関するものであれば、当該素材や部品は自社から外部ベンダーに供給し、外部ベンダーには作らせない、等の方法がありますが、基本的には、コアノウハウの内容によりブラックボックス化の方法は千差万別です。そのため「コアノウハウを外部ベンダーに開示せずにすむ業務委託方法」の検討においては、法務部門・技術部門双方が協力し最適な手法を模索することが重要となります。

(イ) 外部ベンダーの評価

営業秘密保護の観点からは、業務を委託する外部ベンダーを選定する際には、外部ベンダーの遵法意識・契約遵守意識を確認していくことが肝要です。当該確認にあたっては、ベンダーに対する業界内での評価、社長の人柄の他、当該ベンダー社内での情報管理体制の内容の確認を行うケースもあります。

(2) 情報開示時の対応——秘密保持契約の締結

(ア) 外部ベンダーに対する守秘

営業秘密を外部ベンダーに対して開示する場合は、当該ベンダーに対して秘密保持契約にて秘密保持義務を課しておく必要があります（214頁以下参照）。特に重要な営業秘密を開示するため、厳格な秘密保持義務を課す必要がある場合は、①情報開示者による、情報受領者内部での情報保持状況を確認するための監査権、②外部ベンダーによる、委託業務との競合業務の禁止、③契約違反時の予定損害額、等の規定を盛り込むことも検討して下さい。

(イ) 秘密保持契約の要求先

当該外部ベンダーが再委託先を使用する場合は、当該再委託先に対しても秘密保持義務を課しておく必要があります。そのため、外部ベンダーに業務委託する際には、当該ベンダーが再委託を行うか否かを事前に確認し、再委託を認めるか否かについても検討しておく必要があります。

また、海外の外部ベンダーを使用する場合は、往々にして営業秘密資料の翻訳作業が必要となりますが、その場合には翻訳を依頼する翻訳会社にも秘密保持義務を課しておきます。なお、（秘密保持契約を交わしていたとしても）翻訳会社から情報が漏えいするリスクはゼロにはならないため、翻訳作業は外部ベンダーに任せず、自らが信頼する翻訳会社で行う方がより安全です。

(3) 情報開示後の対応

(ア) 契約遵守状況の監視

秘密保持契約を締結し、営業秘密を開示した後は、外部ベンダーが契約違

反をしていないか監視していくことが肝要です。監視方法としては、当該ベンダーを訪問し、当該ベンダーの製造現場を視察する、市場調査を行い自社営業秘密が流用された製品が出回っていないか確認する、等の方法があります。

なお、外部ベンダーとの契約の中で、情報開示者による当該ベンダーへの監査権が定められていれば、当該監視をより円滑に実施することができ、また、契約の中で、外部ベンダーに対する委託業務との競合業務の禁止義務が定められていれば、外部ベンダーが、自社営業秘密を流用している恐れがある競合品を市場で販売しているが、当該競合品製造に、自社の営業秘密が流用されていることの立証が困難、という場合でも、当該競合品販売の差止めを求めることができるようになります。

(イ) 外部ベンダーとの信頼関係の醸成

何より外部ベンダーからの営業秘密漏えい防止には、外部ベンダーとの間で、今後も取引を継続したいと思える信頼関係を構築していくことが肝要です。そのため、外部ベンダーに対して一方的に契約履行を求めるのではなく、自らも外部ベンダーとの契約を遵守し、外部ベンダーの営業秘密も尊重する等、外部ベンダーに対して公正かつ誠実に対応していくよう心がける必要があります。

■ベンダーとの秘密保持契約の例

MUTUAL NON-DISCLOSURE AGREEMENT
（SAMPLE）

This Agreement is made and entered into as of the Effective Date defined below by and between _ABC Inc., a _____ corporation having its principal place of business at _____ ("ABC") and _XYZ, Co., a _____ corporation having its principal place of business at _____ (the "XYZ").

> （参訳）　本契約は、＿＿に主要な事業所を有する＿＿国法人である ABC Inc.（以下「ABC」）と、＿＿に主要な事業所を有する＿＿国法人である XYZ. Co.（以下「XYZ」）との間で、下記に規定する発効日に締結された。

WHEREAS ABC and XYZ (the "Parties" collectively, and the "Party" respectively) possess certain proprietary information ; and

WHEREAS the Parties intend to disclose such information each other for the purpose of (allowing XYZ to preparing quotation on ----------equipment (the "Quotation") for ABC and allowing ABC to review, evaluate, discuss and negotiate the Quotations with XYZ) (the "Purpose") ; and

WHEREAS each Party desires to keep its information disclosed to the other Party confidential ;

NOW, THEREFORE, the Parties agree as follows:

> （参訳）　ABC と XYZ（以下総称して「全当事者」、個別に「各当事者」）は、ある財産的価値のある情報を有しており、全当事者は、XYZ が＿＿＿＿＿装置に関する見積もり（以下「本見積もり」）を作成し、ABC が XYZ と本見積もりについてレビューし、評価し、議論し、交渉するため（以下「本目的」）に、互いに当該情報を開示することを意図しており、各当事者は、他の当事者に開示する情報が秘密に保持されることを望む。よって、全当事者は以下の通り合意する。

1. "Confidential Information" means:
   (a) all information (including, without limitation, technical and business information, such as project name, time schedule, country and expected site, equipment design and specifications, process and equipment schematics, drawings, operating know-how and product samples) which is disclosed directly or indirectly by the other Party (the "Disclosing Party") to one Party (the "Receiving Party") for the Purpose according to a manner of following 1) or 2) ; and

1) in written, electronic or other tangible form as marked as "CONFIDENTIAL" or similar designation by the Disclosing Party at the time of disclosure ; or

2) if first disclosed by the Disclosing Party in oral, visual or any other manner, it shall be identified as Confidential Information at the time of disclosure, promptly reduced to written form bearing such marking and submitted to the Receiving Party within thirty (30) days of the disclosure.

(b) any and all part of the Quotation, and the fact that XYZ prepares the Quotation for ABC.

（参考訳）
1.「本秘密情報」とは以下のものを意味する。
 (a) 本目的のために、他の当事者（以下「開示者」）から一方の当事者（以下「受領者」）に、直接又は間接的に開示される全ての情報（例えば、プロジェクト名、タイムスケジュール、国及び想定される事業所、装置設計及び仕様、プロセス及び装置概略図、図面、操業ノウハウ並びに製品サンプル等の、技術情報及び事業情報を含む）であって、以下1)、2) の方法により開示された情報；及び
  1) 開示の際、開示者により "Confidential" その他同様の表示を付して書面、電子媒体、その他有体物により開示されたもの
  2) 当初開示者より、秘密である旨特定された上で、口頭、資格その他の方法で開示されたものであって、速やかに秘密である旨表示された書面で要約し、開示後30日以内に、受領者に当該書面が提示されたもの
 (b) 本見積もりの全部又は一部、及びXYZがABCのために本見積もりを準備している事実

---

2. Notwithstanding Article 1, the Confidential Information shall not include information, which the Receiving Party can show by written record that it:
   (a) was, at the time of disclosure hereunder, already in the public domain ;
   (b) enters the public domain after disclosure hereunder, through no fault of the Receiving Party ;

(c) was in the Receiving Party's possession prior to disclosure hereunder, without obligation of confidentiality or restriction on use, and was not acquired directly or indirectly from the Disclosing Party ; or
(d) is obtained by the Receiving Party subsequent to disclosure hereunder, without obligation of confidentiality or restriction on use, from a third party who is lawfully in possession of such information and who is not under a contractual or fiduciary obligation to the Disclosing Party with respect thereto ;
(e) is developed by the Receiving Party without access to the Confidential Information disclosed by the Disclosing Party ; or
(f) is required to be disclosed by rules of governmental or regulatory authority, court order, or law following notice sufficient to allow the Disclosing Party to content such notice.

(参考訳)
2. 第1条に拘わらず、本秘密情報には、受領者が書面にて以下の事項を証明できる情報は含まれないものとする。
  (a) 開示時点で公知の情報
  (b) 開示後、受領者の責に因らずして公知となった情報
  (c) 開示前から受領者が、秘密保持義務及び使用制限義務を負わずして保有していた情報であって、直接的にも間接的にも開示者から入手したものでない情報
  (d) 開示後、受領者が、合法的に保有し且つ開示者に対して契約上又は信義上の義務を負わないから第三者から、秘密保持義務及び使用制限義務を負わずして入手した情報
  (e) 受領者が、開示者から開示された本秘密情報にアクセスせずに開発した情報
  (f) 政府又は監督官庁の規則、裁判所命令又は法律により開示を要求された情報であって、当該通知後、開示者に対して当該通知に異議を唱えるために十分であった情報

The Confidential Information shall not be deemed to be within the foregoing exceptions merely because such information is embraced by more general information in the public domain or in the Receiving Party's possession. In addition, any combination of features shall not be deemed to be within the foregoing exceptions merely because individual features are in the public domain or in the Receiving Party's possession, but only if the combination itself and its principle of operation are in the public domain or in the Receiving Party's possession.

> （参考訳）
> 　本秘密情報は、当該情報が、単により一般的な公知情報又は受領者が保有する情報の一部としてあることをもって、上記例外条項に該当するとみなされてはならない。さらに、部分的情報のコンビネーションは、当該コンビネーション自体及びそのコンビネーションの原理が公知である又は受領者により保有されている場合を除き、単に当該部分的情報が公知又は受領者により保有されていることをもって上記例外に該当するとみなされてはならない。

3. The Receiving Party shall 1) not use the Confidential Information for any purpose other than the Purpose, 2) keep the Confidential Information in strict confidence and not disclose or reveal whole or any part of the Confidential Information to any third party in any form or in any manner, 3) protect the Confidential Information from inadvertent disclosure to a third party using the same care and diligence that the Receiving Party uses to protect its own proprietary and confidential information, but in no case less than reasonable care.

> （参考訳）
> 　3. 受領者は、1）本目的以外の目的に本秘密情報を使用してはならず、2）いかんを問わず第三者に開示してはならず、3）本秘密情報が不用意に第三者開示されることを防ぐべく、受領者が自己の秘密情報を保護するのと同等の注意を払わなければならない。但し当該注意は、いかなる場合も「相当な注意」を下回るものであってはならない。

4. The Receiving Party shall limit the disclosure of the Confidential

Information to the minimum numbers of its employees, officers, directors, and/or legal counsel, certified public accountants and any other professional advisers having a need to know it for the Purpose, and shall ensure that they are informed of its proprietary and confidential nature and that they abide by the terms of this Agreement. The Receiving Party shall promptly notify the Disclosing Party of any disclosure of such Confidential Information in violation of this Agreement.

> （参考訳）
> 4. 受領者は、本秘密情報を、本目的のために知る必要のある自己の従業員、役員、取締役、弁護士、公認会計士及びその他の専門アドバイザーにのみ開示し、それらの人々が、当該情報の機密性について知らされ本契約の規定を遵守することを保証する。受領者は本契約に違反した本秘密情報の開示について速やかに開示者に通知する。

5. All Confidential Information disclosed under this Agreement shall be and remain the property of the Disclosing Party and nothing contained in this Agreement shall be construed as granting or conferring any rights to such Confidential Information on the Receiving Party.

> （参考訳）
> 5. 本契約の下で開示された全ての本秘密情報は、開示者のものであり、本契約のいかなる条項も当該本秘密情報に関するいかなる権利をも受領者に許諾又は付与するものと解釈されてはならない。

6. The accuracy or completeness of confidential information or the results to be obtained therefrom is not warranted by the disclosing party and it assumes no responsibility arising from any use misuse thereof.

> （参考訳）
> 6. 開示者は、本秘密情報及びそれから得られるいかなる結果の正確性及び完全性について保証するものではなく、又それらのいかなる使用又は不正使用から生じる責任についても一切負わない。

7.　Upon the request from the Disclosing Party, the Receiving Party shall promptly return or destroy all Confidential Information disclosed under this Agreement in tangible form and all copies, NOTEs, compilations and/or summaries related to such Confidential Information.

> （参考訳）
> 7. 開示者からの要求に基づき、受領者は、本契約の下有体物で開示された本秘密情報の全部及び本秘密情報に関連する全てのコピー、ノート、編集物及び／又は要約を、返却又は破棄する。

8.　The Parties agree that the Disclosing Party will suffer irreparable injury if its Confidential Information is made public, released to a third party, or otherwise disclosed in breach of this Agreement and that the Disclosing Party shall be entitled to obtain injunctive relief against a threatened breach or continuation of any such breach and, in the event of such breach, an award of actual and exemplary damages from any court of competent jurisdiction.

> （参考訳）
> 8. 全当事者は、もし本開示情報が公開され、第三者に開示され、又は本契約に違反するその他の開示がなされた場合、開示者に回復不能な損害が発生すること、そのため開示者が本契約違反の恐れ又は当該違反の継続に対して、差し止めによる救済を求めることが出来ること、及び当該違反が生じた場合は、管轄権のある裁判所から実質的損害賠償及び懲罰的損害賠償の判決を得ることが出来ることに合意する。

9.　Nothing in this Agreement shall be construed to constitute an agency, partnership, joint venture, or other similar relationship between the Parties.

（参考訳）
9. 本契約のいかなる定めも、当事者間で代理関係、パートナーシップ、ジョイントベンチャーその他類似の関係を構築するものと解釈されてはならない。

10. This Agreement contains the entire agreement between the Parties and in no way creates an obligation for either Party to disclose information to the other Party or to enter into any other agreement.

（参考訳）
10. 本契約は当事者間での完全なる合意を形成し、いかなる場合も一当事者に他の当事者への情報開示義務を生じさせるものではなく、また、他の契約の締結を義務付けるものでもない。

11. This Agreement shall cover disclosures of the Confidential Information between the Parties from the Effective Date to MM DD, YYYY (the "Exchange Term") unless otherwise terminated by providing the other Party with a thirty (30) day prior written notice of termination.

（参考訳）
11. 本契約は、一当事者の 30 日前の書面の通知により解約された場合を除き、発効日から YYYY 年 MM 月 DD 日まで（以下「本情報開示期間」）に当事者間で行われる情報交換に適用される。

12. This Agreement shall become effective as of the Effective Date, and shall remain in effect during the Exchange Term and for _____ ( ) years thereafter.

（参考訳）
12. 本契約は、発効日から発効し、本情報開示期間中及びその後 XXX 年間有効とする。

13. This Agreement shall be governed by and construed in accordance with the laws of Japan. All disputes, controversies or differences which may arise between the Parties hereto, out of or in relation to or in connection with this Agreement shall be finally settled by arbitration in Tokyo, in accordance with the Commercial Arbitration Rules of The Japan Commercial Arbitration Association.

> (参考訳)
> 13. 本契約の準拠法は日本法とする。当事者間で、本契約から又は本契約に関連して生じる全ての紛争は、東京にて日本商事仲裁協会の商事仲裁規則に従い最終的に解決されるものとする。

IN WHITENESS WHEREOF, the Parties have caused this Agreement to be executed by their duly authorized representatives.

Effective Date: MM DD, YYYY

ABC, Inc.   XYZ, Co.

(Signature)_____   (Signature)_____

(Printed Name)_____   (Printed Name)_____

(Title)_____   (Title)_____

【その他参考条文例】
1. 情報使用に関するその他の制約
①サンプル等提供する際の分析の禁止
   X. The Receiving Party agrees not to analyze the Disclosing Party's experimental samples or materials.

(参考訳)
　　X．受領者は、開示者の試験サンプル又は材料の分析を行わないことに合意する。

②コピーの禁止
　　X．The Receiving Party shall not copy, reproduce or change any tangible Confidential Information without prior written consent from the Disclosing Party.

(参考訳)
　　X．受領者は如何なる有体物の本秘密情報も、開示者の事前の書面による承諾なしには、複写、複製又は変更してはならない。

2．情報管理手法について
①他の情報と区別して保管させる条文例
　　X．The Receiving Party shall store the Confidential Information disclosed in tangible form as well as any copy and reproductions thereof in clear distinction from any other materials and goods.

(参考訳)
　　X．受領者は、有体物で開示された本秘密情報及びそれらの複写・複製物を、他の資料又は物品から、明確に区別して保管しなければならない。

②ベンダーに対して鍵又はパスワードによるセキュリティーを施し保管させ、予め確認した従業員のみにアクセスさせることを要求する条文例
　　X．XYZ（ベンダー）shall segregate the Confidential Information of ABC from XYZ's own information and shall store it in locked cabinet or folders with password to which only the following XYZ's employers are accessible.

Department	Title	Name

(参考訳)

 X. XYZ は、本秘密情報を、XYZ 自身の情報から分離し、且つそれらを、以下の XYZ の従業員のみがアクセスできる、鍵の付いたキャビネット又はパスワードで保護されたフォルダーに保管しなければならない。

---

3. ベンダーで発明等が生じた場合の取扱いに関する条文例

 X. In the event that XYZ（ベンダー）makes any innovations, utility models and/or design based on or disclosing Confidential Information, XYZ shall promptly notify ABC of such fact and contents thereof. The parties agree that these innovations, utility models and/or design shall be treated as Confidential Information of the other party.

(参考訳)

 X. XYZ が、本開示情報に基づき如何なる発明、考案及び／又は意匠をなした場合は、XYZ は速やかにその事実及びそれらの内容を ABC に通知する。全当事者はそれらの発明、考案及び／又は意匠が他の当事者の本秘密情報として取り扱うことに合意する。

---

4. 予定損害賠償額の設定条文例

 X. In case of unauthorized use or disclosure of the Confidential Information, the Disclosing Party shall be entitled to liquidated damages in the amount of JPY(＿＿＿＿Japanese Yen) for each such use or disclosure. Notwithstanding the right to liquidated damages, the Disclosing Party has the right to take any measures available and to claim and receive a higher amount of compensation if the Disclosing

Party can prove that the actual damage sustained will exceed the amount of liquidated damages.

（参考訳）
X. 権限なく本秘密情報が使用又は開示された場合は、開示者は、当該使用又は開示毎に、金XXXXX円の予定損害賠償額を受ける権利を有する。当該予定損害賠償権に拘わらず、開示者は、利用可能ないかなる措置を採ることができ、もし、開示者が実際の損害額が予定損害賠償額を超えることを証明できた場合は、より高い金額の補償を請求し受け取ることができる。

---

5. ベンダーに対する監査権の設定に関する条文例

X. Upon the request of ABC, XYZ（ベンダー）shall report to ABC the status of compliance with XYZ's obligation set forth herein in written, and shall permit ABC to audit the status of such compliance during XYZ's normal business hours at ABC's expense. For the purpose of such audit, XYZ shall permit ABC to have access to XYZ's information at any XYZ's facilities.

（参考訳）
X. ABCからの要求に基づき、XYZはABCに対して本契約上のXYZの義務の履行状況を書面にてレポートするものとし、且つABCに対して、通常のXYZの勤務時間中、ABCの費用にて、当該履行状況の監査を認めるものとする。当該監査のため、XYZはABCに対して、XYZの施設においてXYZの情報にアクセスすることを認める。

CHAPTER 4
▶海外現地子会社における従業員の秘密保持義務

　キャサリンは X-Tokyo Heavy Industries の設立当初、水戸が採用を決めた現地プロパー社員の一人であり、同時期に入社した社員の中でも突出した能力を発揮していたため、将来の幹部候補として水戸や田中は特に目をかけて育成していた。

　設立から5年、東南アジア某国は5年前の想定よりも経済発展の伸びが思わしくなく、また2年前に設立された競合X社の急激な成長による競争激化により、X-Tokyo Heavy Industries は設立当初の想定に比べて業績がふるわない状態が続いていた。

　ある日、この X-Tokyo Heavy Industries の業績に見切りをつけたキャサリンが、終業後、水戸と田中がいる会議室にやって来て唐突に退職の話を切り出した。

「実は、今月一杯で当社を退社させていただきます」

　寝耳に水の水戸と田中は顔を見合わせながら、互いに驚きの表情を隠せずにいた。

「これまで立上げからずっと一緒にやってきて、ラインもようやく落ち着いて稼働するようになってきたのに、ここで退職したい、というのはどうして？　給料に不満があるの？」

「そういうわけではありません。家庭の事情で辞めることに決めました」

　水戸がうまく理由を聞き出そうとしてもキャサリンは一向に具体的な理由を言わないため、水戸は途中から戦法を切り替え、とにかく必死に退職を思いとどまるよう説得したが、どうやら彼女はすでに転職先が決まっているようで、頑なにその説得を拒んだ。

「とりあえず、今日のところは話を保留にしておくから、もう一度よく考えてくれないか」

第4講　海外における情報管理

　水戸と田中は、もう一度考え直すようキャサリンに伝えた上で一旦自宅に帰した。
　その後、二人はそれまで話していた来期の目標などそっちのけでキャサリンの突然の退職の申出について話し合った。幹部候補ということもあり、これまで公私ともに密に接してきたつもりであったが、どこかで機嫌を損ねてしまったのか、はたまた彼女の言うように本当に家庭の事情なのか、とにかく二人にはまったく退職の真意がつかめなかった。ただ、先ほどの会話で意志の強さを感じた二人は、彼女を引き止めるのは難しいかもしれないと考えた。

「水戸さん、キャサリンが本当に辞めるとは考えたくはないですが、万が一の時に備えて、退職した場合のことについて考えておいた方がいいかもしれませんね。せっかくラインが落ち着いてきたところですし、ここで大きな穴を作るわけにはいきませんから」
　これまでにも X-Heavy Industries では何名か退職者はいたが、比較的単純な仕事に従事していた者だったので何とかすぐに次を採用することで事なきを得ていた。しかし、今回は製造の核となる人物の退職ということで、他の従業員に与える影響も考えると、水戸と田中にとってこれまでで一番

痛い退職の話であった。

　田中はキャサリンが退社するのは会社にとっても、自分にとっても残念であると思いながらも、実際に退社となったときにはどのようなことに気を付ければよいかを考えることにした。

「水戸さん、そういえば、本社で研修を受けた際、社員が退職するときは営業秘密の漏えいが起きないよう対策をとることが必要だと聞きました。実際何をどのようにしたら良いのでしょうか？　キャサリンはすでに当社における秘密情報をかなり持っているように思うのですが……」

ONE POINT　海外における転退職者と秘密情報管理

　近年、日本でも転退職者が増えてきていることは前述のとおりですが、海外では日本とは比べものにならないくらい転退職者が多いのが実状でしょう。また、ストーリーにもあるように、現地への権限移譲を推し進める結果、退職者が当該会社で重要な責任を負っており、秘密情報を多数知っている、ということも多いのではないでしょうか。このような現状を踏まえると、海外では日本で実際に行っている以上に秘密情報管理に気を配る必要があるともいえるでしょう。

　キャサリンは幹部候補ということで水戸と田中が特に目をかけていたこともあり、会社における重要な技術情報や顧客情報についても共有し、製品開発や販売戦略等を一緒に考えてきた。

「X国は従業員の転退職が多いので、これを機に必要な書類等はきっちり準備しておいたほうがよいかもしれない。具体的な方法は君に任せる。本社とよく連携を取って早急に対応してくれ」

「えっ、……はい、分かりました」

　田中は水戸から何かよいアドバイスがもらえるかと期待していたが、当てが外れたため、本社の総務部にいる同期の近藤に連絡することにした。

「近藤君、久しぶり。実は、ちょっと聞きたいことがあって。当社で現地の従業員が退職しそうなんだけど、こういう場合何か気を付けたほうがいいことはある？」

「従業員の退職かあ、最近本社でも増えてきてるんだよね。田中君の会社では入社時に秘密保持誓約書をとってる？」
「秘密保持誓約書？」
「そう、簡単に言うと、就業中に知った営業秘密、技術情報や顧客情報を退職後、漏えいしません、っていう内容にサインしてもらうんだよ」
「へえ、俺達ってそんなの書いたっけ？」
「書いたよ。覚えてないの？　あとはその誓約書の中で競業避止義務を定めることも考えられるけど、国によっては職業選択の自由といった観点から競業避止義務を認めない、というところもあるので、これはケースバイケースになるね。

　あ、そうそう、その退職する人に代わって誰か雇ったりするの？　もし他社からの転職者を雇う場合は、それも気を付けないといけないよ。仮にその人が他社の営業秘密を有していて、それを元に仕事をした場合、営業秘密を奪ったとして当該他社から訴えられる可能性もあるからね」
「ええっ、雇っただけで訴えられる可能性もあるの？　こりゃ真面目に考えなきゃなぁ」
「そうだよ、営業秘密というのは下手したら生産停止とか、自社の活動に重大な影響を及ぼしかねないから、甘く見ては危険だよ。それから、営業秘密の漏えいは、転退職の場合だけのリスクではないよ。雇用中も自社の営業秘密を漏えいさせてしまうおそれはあるから、就業規則でも秘密保持義務を課すのが最近は多いんじゃないかな」
「そうか、就業中の漏えいも気にかける必要があるんだね。勉強になったよ、ありがとう！　やっぱり持つものは同期の友人だな！」
　このようにして田中は、入社時の秘密保持誓約書の提出を定例化、また現在いる従業員にも秘密保持誓約書を提出してもらい、さらには就業規則において秘密保持義務を規程化するなど、社内の体制を整えることにした。

　後日談であるが、なんとキャサリンは退職を撤回した。
「水戸さん、田中さん、本当に申し訳ないのですが、退職しないことにしました。これからもよろしくお願いします！」

水戸と田中は、退職を切り出されたときと同じように顔を見合わせ、互いに驚きの表情をしつつも、どこか安堵していることを察した。
「キャサリン、考え直してくれてありがとう。実は来期、大型の受注がありそうでますます忙しくなると思うが、期待しているので頑張ってくれ」
「はい！」
　水戸と田中はきつねにつままれたような気持ちもありながらも、キャサリンが退職を撤回してくれたことを素直に喜んだ。まあいいか、海外ではよくある話だ。
「田中君、今回はいろいろあったけど、結果的に社内体制を整えることもできてよかったね」
「そうですね。立ち上げから３年が経ちますが、まだまだ道半ばです。私たちも来期の目標達成に向けてこれからも頑張りましょう！」

NOTE

5　転退職者への対策

　「ONE POINT」で触れたとおり、海外では日本で実際に行っている以上に秘密情報管理に気を配る必要があります。日本でも近年多くの会社で行われている、①入社時（退社時）の秘密保持誓約、②就業規則による秘密保持義務の規定化に加え、各国の法規制に多少の相違はあるものの、③競業避止義務を課す、というのも有用な手段です。

　実際のところ、海外子会社では、このような文書の作成・就業規則の整備は二の次で、まずは操業・営業を開始する、ということが多いように見受けらます。

　少人数の出向者で、あるいは完全に現地の人たちだけで海外子会社をマネジメントする場合、上記意識の欠落や意識はあっても手が回らず、そのまま時間が過ぎていき、秘密情報漏えいがあったときにハタと秘密情報管理の必要性・有用性に気付く、ということも多いでしょう。

　このようなことにならないためにも、少なくとも日本側で①入社時（退社時）の秘密保持誓約書、②就業規則による秘密保持義務の規定の典型プレートを英語で準備、海外子会社の設立時や、M&A時にまずは重要な幹部（少

なくともこのクラスの人たちは英語は理解できるはずです）にこれらの整備を指示することが必要となってきます。

　特に、①については、設立当初から入社時の秘密保持誓約書をとることを義務付けておくことが望ましいといえます。なぜなら、従業員を雇用した後、新たに入社する者に対して秘密保持制約書をとるとなると、不公平感や反発を招き、スムーズな秘密保持制約書の取得を妨げるおそれがありますし、雇用後全社員から秘密保持誓約書をとろうとしても、確実に全社員から取得できるとは限らないからです。

　また、②就業規則によって秘密保持義務を従業員に課す場合については、秘密保持誓約書の提出を求めることができる旨まで記載しておくことが望ましいといえます。会社の秘密情報をもって転職しようとする意図を有しているような場合、秘密保持誓約書の提出自体を拒む可能性があるからです。

　この他、製造業などでよく見られるように、現地雇員に英語が理解できない者がいる場合は、英語のテンプレートから現地語に翻訳して上記書類を整備することも検討すべきでしょう。

　そこで、本書では、英文による秘密保持誓約書の一例を掲載しています（236頁）。もちろん、業種や転退職者が扱う秘密情報の種類等によりその内容は異なってくるでしょう。

　したがって、あくまでこれはベースであり、各社の実情にあわせた秘密保持誓約書を準備することが有用です。

　とはいえ、このような秘密保持誓約書を結ぶことにより完全に退職者からの情報漏えいや転職者を通しての他社の秘密情報の侵害を防ぐことができるわけではありません。秘密情報管理は、これまで本書で取り上げられてきた規程の整備や社員教育、といったことの総合的な取組みにより行うものであることには留意していただきたいと思います。

6 競業避止義務

　退職者からの秘密情報漏えいを防ぐ他の方法として、上記1で取り上げた競業避止義務があります。問題は、退職後もそのような義務を負い続けるかということであり、職業選択の自由との関係で、退職後は競業避止義務を負わないのが原則ですが、日本においては、一定の条件の下、許されるという考え方が一般的です（30頁 第1講 **NOTE** 6 参照）。

　特に、技術革新が長期のスパン（期間）で起こるような業界や転退職者が

比較的多い業界、また、高度な技術を保有する会社では、この退職後の競業避止義務を定めて有用な技術が競合会社に利用されないようにすることは大きなメリットがあるといえるでしょう。

ただし、この競業避止義務については各国により考え方が異なるため、単純に「競業避止義務を定めれば安心」ということにはなりません。むしろ、各国の事情を無視して競業避止義務を定めたがゆえに当該国の法違反を犯してしまった、あるいは安心だと思っていたのに知らぬ間に競合他社に転職され秘密情報を漏えいされたあげく、何らの請求もできなかった、ということにもなりかねません。

そこで、以下では、日本企業の進出の多い、東アジア、東南アジアの新興国の競業避止義務に対する考え方を考察します。

(1) 中国

中国では、秘密保持義務を負う従業員に対して競業避止義務を課すことができるとされています。もっとも、日本と同様、その制限は合理的な範囲に限定する必要があり、労働契約法第23条・第24条において従業員に競業避止義務を課しうる範囲を定めています。

- 対象者：商業秘密や知的財産権に関する秘密を知る機会の多い高級管理職や高級技術職、その他秘密保持義務を負う従業員
- 就業制限範囲・地域：法律等の規定に反しない限りにおいて労使者間の協議に委ねられる。
- 期間：法律・法規の定めに違反しない範囲で労使者間の協議に委ねられる。
- 金銭補償：使用者は従業員の労働契約終了後の競業避止義務期間中に、対象従業員に対して月毎に金銭補償をする必要がある。
- 違反時：従業員が競業避止義務違反をした場合、違約金の支払いを約定することができる。

(2) ベトナム

ベトナムでは、直接従業員の競業避止義務に関して定めた法令はありませんが、労働法第21条において明示的に従業員が複数の雇用主と契約することができるとされています。また、同法5条1項で職業選択の事由に関して定められていることから、「退職後はもちろん、在職中であっても従業員に競業避止義務を課すことはできない」とする解釈もあるようです。

一方で、使用者と従業員との自由な契約として、従業員が退職後一定期間、競業他社への就職禁止を合意することは可能であるとの解釈もあります。

このように、従業員に対する退職後の競業避止義務の有効性は定かではないものの、一部の裁判所で退職後1年間の競業退社への転職禁止条項の有効性を認めたケースがあるようで、そのケースでは「そのような契約は使用者と被雇用者間の、労働法が適用される契約ではなく、独立当事者間の、民法が適用される契約である」としています。

したがって、退職後の従業員の競業避止義務については、①労働法の適用がある労働契約や就業規則ではなく、別の契約で定め、そこに労働法ではなく民法が適用される旨の条項を設けておくこと、②競業避止義務の内容・期間について合理的なものとすること、とすることで当該競業避止義務条項が有効と判断される可能性を高めることができるでしょう。

(3) シンガポール

シンガポールでは、一定の場合を除き、従業員に退職後の競業避止義務を課すことは原則無効とされています。

有効とされるためには、当該競業避止義務条項が、
➤ 取引先や事業の関係の保護、訓練された労働力の維持、営業秘密やそれに類する秘密情報等法的な利益を保護するためのものであること
➤ 当事者の利益にとって合理的であること
➤ 公共の利益にとって合理的であること

が必要であるとされています。

(4) マレーシア

マレーシアでは、契約法1950第28条において、退職後の従業員に対する競業避止義務は無効である旨の条項が定められています。

(5) インド

インドでも、マレーシアと同様、インド契約法1872第27条において、退職後の従業員に対する競業避止義務は無効である旨の条項が定められています。ただし、マレーシアと異なり、退職後一定期間（6か月〜12か月程度）であれば、従業員や顧客等と接触することを禁止する契約を結ぶことはできます。

(6) タ イ

タイでは、競業避止義務を課すこと自体は有効ですが、その内容が公正かつ合理的であることが必要となります（労働者保護法第14条の1）。また、不公正契約法第5条では、競業避止義務の有効性を判断するに当たっては、制限期間や制限地域だけでなく、当該従業員が他の職業に従事する等の機会なども考慮するとされています。制限期間・制限地域については、2年を超

えない期間で地理的範囲を限定すれば有効、と認められることが多いようです。

(7) 韓　国

韓国では、原則として従業員に競業避止義務を課すことも認められています。ただし、職業選択の自由が憲法で保障されていることから、韓国民法103条にある善良な風俗・社会秩序に反するような内容の競業避止条項は無効となります。その考慮要素としては、①競業避止条項によって保護される利益、②解雇前の従業員の地位、③競業避止の範囲、④補償の有無、⑤解雇の理由、⑥公益等があります。なお、退職した従業員によって営業秘密が侵害されるおそれがある場合には侵害禁止仮処分を申請することができます（不正競争防止と営業秘密保護に関する法律第10条）。

(8) 台　湾

台湾では、雇用契約で競業避止条項を規定することは一般的ですが、行政院労工委員会ではその有効性の判断基準として次の5つの基準を示しています。すなわち、競業避止条項の有効性は、①競業避止条項によって保護されるべき法的利益の有無、②前職での職務内容や地位、③競業避止の内容が合理的であるか否か、④補償の内容、⑤従業員が競争者の下で働くことが信頼や誠実の原則に反するか否かによって判断されます。

(9) インドネシア

インドネシアでは、労働法において、雇用契約上競業避止義務を課すことについて規制をしていないため、競業避止義務を定めることができます。もっとも、インドネシア憲法27条2項、労働法第31条、人権法第38条において、適正な職業への就業・職業選択の自由が保障されているため、これを妨げるとみなされる競業避止条項は無効になるものと考えられます。

なお、海外企業を中心に、退職見込みの従業員に対して、退職までの一定期間（半年程度）、有給休暇を取得させたり、従前と同等以上の給与条件のもと有閑職務に従事させたりするガーデン・リーブ（あるいはガーデニング・リーブ）という制度を取り入れているところもあります（特に外資系金融機関など）。

従業員の退職見込みが判明した後、退職までの間にこの期間を設けることで、事実上競業を禁止できることになるだけでなく、この期間中に最新の機密情報に触れる機会が制限されるため、少しでも当該従業員の記憶にある機密情報を陳腐化することができる上、この期間に支払われる給与を代償措置

> の一部とみなせる場合もあるため、競業避止義務を定めるのと似た機能・効果をもたらすことができます。
> 　また、営業秘密の漏えいなど不祥事があった際、すぐに懲戒解雇にするのではなく、一定期間雇用することで不祥事の際の事実確認をするといった対応も行うことができます。

■従業員との秘密保持誓約書の例

Employee Confidentiality Agreement

This Employee Confidentiality Agreement ("Agreement") is made and entered into as of effective the ＿＿＿＿＿＿ (Date), by and between ＿＿＿＿＿＿＿＿＿＿ ("Employee") and ＿＿＿＿＿＿ ("Employer").

> （参考訳）
> この従業員秘密保持契約（以下、「本契約」という）は、〇年〇月〇日に＿＿＿＿（以下、「雇用主」という）と＿＿＿＿＿＿（以下、「従業員」という）の間で締結された。

WHEREAS, the Employer wishes to hire the Employee. During the Employer and Employee's relationship, the Employee may review certain materials and products of the Employer and the Employer wishes to retain confidentiality about the same；

> （参考訳）
> 雇用主は従業員を雇用することを望み、双方に雇用関係が続く間、従業員は会社の情報について触れることになるが、雇用主はそれらについて秘密とすることを望む。

THEREFORE IN CONSIDERATION THEREOF, the Employee and Employer hereby agrees to the following terms and provisions set forth herein:

> （参考訳）
> それゆえ従業員と雇用主は本契約に定める次の条項について同意する。

1. Confidential Information　秘密情報

Employer proposes to disclose certain of its confidential and proprietary information ("Confidential Information") to Employee. Confidential Information shall include all data, materials, products, technology, computer programs, specifications, manuals, business plans, software, marketing plans, financial information, and other information disclosed or submitted, orally, in writing, or by any other media, to Employee by Employer.

> （参考訳）
> 雇用主は、従業員に対し、自己が所有する秘密情報（以下、「秘密情報」という）を開示する。秘密情報には雇用主から従業員に対して口頭あるいは書面、あるいはその他のメディアにより開示・提示されたあらゆるデータ、資料、製品、技術、コンピュータプログラム、財務情報等が含まれる。

2. Employee's Obligations　従業員の義務

A. The Employee agrees to treat all Confidential Information as strictly confidential ; not to disclose it or allow it to be disclosed to anyone not having a "need to know" it on behalf of the Company ; not to use any Confidential Information except as required in the performance of his/her duties for the Company ; and not to copy any documents or media containing any Confidential Information, or remove them from the Company's premises or premises where the Company is performing services, except as required in the performance of his/her duties for the Company.

B. Upon (i) any termination of the Employee's employment, or (ii) the Company's earlier request at any time, the Employee shall provide or return to Company any and all keys, identification cards, equipment, manuals, reports, disks, negatives, data or other documentation either provided by Company or any of its affiliates, customers or suppliers, or created by the Employee in connection with the performance of the services for the Company, and remove and purge all copies and traces thereof from any non-Company storage locations and/or media under the Employee's control.

> （参考訳）
> A．従業員は、秘密情報を厳格に秘密として扱うことに同意する。開示してはならないことはもちろん、会社関係者であっても知る必要のないものに対しても開示許可をしてはならない。また、会社が要求する場合を除き、秘密情報を用いてはならず、また秘密情報を含む資料やメディアをコピーしてはならず、会社の施設や会社がサービスを提供している場所から除去してはならない。
> B．(i)従業員の雇用契約の解除、(ii)雇用者による早期退職勧告の際、従業員は会社あるいはその関連企業、顧客、サプライヤーから提供された、あるいは会社での仕事に関連して自らが作成したあらゆる鍵、社員証、備品、マニュアル、書類、ディスク、ネガティブデータ、あるいはその他書類を会社に提供あるいは返却しなければならず、従業員のコントロール下にあり会社外のストレージやメディアから全てのコピー等を削除あるいは処分しなければならない。

3. Interference with the Company　会社の妨害行為

A. During the employment relationship with the Company and for a period of six(6) months after the termination of such employment, the Employee will not, directly or indirectly solicit, interfere with, divert or take away or attempt to divert or to take away, the business or patronage of any of the clients customers or accounts, or prospective clients, customers or accounts, of the Company which were contacted, solicited or served by the Employee while employed by the Company.

B. During the employment relationship with the Company and for a period of twelve (12) months after the termination of such employment, the Employee will not, directly or indirectly, without the express written consent of the Company, and whether or not for compensation, either on his/her own behalf or as individual proprietor, partner, stockholder, officer, employee, director, joint venture, investor, lender, consultant, agent, or in any other capacity whatsoever, recruit, solicit or hire any employee of the Company, or induce or attempt to induce any employee of the Company to terminate his/her employment with, or otherwise cease his/her relationship with, the Company.

> （参考訳）
> A．会社との雇用関係がある間、またそのような雇用関係が解約された後6か月間は、従業員は直接的にも間接的にも従業員がその雇用期間中に接触した会社のいかなる顧客、得意先あるいはそのようになる見込みのある者に対して勧誘、干渉するあるいは転職させるあるいはさせようとしてはならない。
> B．会社との雇用関係がある間、またそのような雇用関係が解約された後12か月間は、従業員は直接的にも間接的にも会社の書面による合意がない限り、補償があろうとなかろうと、自営業者、パートナー、株主、役員、従業員、管理職、合弁相手方、投資家、賃貸人、コンサルタント、エージェントその他あらゆる人を　会社の従業員に会社を辞めるよう勧誘あるいは勧誘しようとしていけない。

4. Term　期間

The obligations of Employee herein shall be effective today.

> （参考訳）
> 本契約における従業員の義務は本日から有効である。

5. Authorized Disclosure　開示権限

Employee shall have no obligation under this Agreement with respect to Confidential Information which is or becomes publicly available without breach of this Agreement by Employee ; is rightfully received by Employee without obligations of confidentiality ; or is developed by Employee without breach of this Agreement ; provided.

> （参考訳）
> 従業員は、自ら本契約違反なしに公共から入手できる、あるいは自ら秘密保持義務なしに正当に入手した、あるいは本契約違反なしに作り出した秘密情報に関しては秘密保持義務を有しない。

6. No License　非保証
Nothing contained herein shall be construed as granting or conferring any rights by license or otherwise in any Confidential Information.

> （参考訳）
> 本契約は、秘密情報に関するライセンスその他の権利の保証とみなされない。

7. Remedies　救済措置
In the event of a breach or threatened breach by the Employee of any of the provisions of Article 2 and 3 of this Agreement, the Employee hereby consents and agrees that the Company shall be entitled to an injunction or similar equitable relief from any court of competent jurisdiction restraining the Employee from committing or continuing any such breach or threatened breach or granting specific performance of any act required to be performed by the Employee under any of such provisions, without the necessity of showing any actual damage or that money damages would not afford an adequate remedy and without the necessity of posting any bond or other security.

> （参考訳）
> 従業員によって本契約第2条、第3条の違反、あるいはそのおそれが生じた場合、会社が実質的損害や金銭的損害が現実化するのを示す必要なく、また保証金やその他の担保を支払うことなく、従業員にそのような違反あるいはそのおそれを継続するのを抑止するような管轄裁判所による差止命令あるいはそれと類似の衡平法上の救済権利を有することを従業員は認める。

8. Governing Law　準拠法
This Agreement, for all proposes, shall be construed in accordance with the laws of _____ without regard to its conflict of laws rules. Any dispute or controversies arising out of or in relation to or in connection with this Agreement shall be finally settled by arbitration in Tokyo, Japan in accordance with the Commercial Arbitration Rules of The Japan Commercial Arbitration Association.

> （参考訳）
> 本契約の準拠法は日本法とする。当事者間で、本契約から又は本契約に関連して生じるすべての紛争は、東京にて日本商事仲裁協会の商事仲裁規則に従い最終的に解決されるものとする。

9. Severability　分離可能性

In the event that any one or more of the provisions of this Agreement shall be held to be invalid, illegal or unenforceable, the validity, legality and enforceability of the remainder of the Agreement shall not in any way be affected or impaired thereby.

> （参考訳）
> 本契約の一つあるいは複数の条項が無効あるいは法、強制不能となった場合、本契約の残りの条項の有効性、適法性、強制可能性はそれによって影響を受けず、有効である。

10. Successors and Assigns　承継及び譲渡

This Agreement is personal to the Employee and without the prior written consent of the Company shall not be assignable by the Employee.

> （参考訳）
> 本契約は従業員に専属し、雇用主の事前の書面による同意がない限り、従業員はその地位を譲渡することができない。

11. Amendment, Modification　修正、変更

No provision of this Agreement may be amended or modified unless such amendment or modification is agreed to in writing and signed by Employee and by Company.

> （参考訳）
> 本契約上の条項は、従業員と会社による書面およびサインによる同意がなければ修正あるいは変更されない。

IN WITNESS WHEREOF the parties have executed this Agreement as of the date first written above.

_____   _____

Employee   Employer

_____   _____

Date   Date

経営法友会とは　　https://www.keieihoyukai.jp

　経営法友会は、企業法務担当者の情報交換の場として1971年に発足して以来、半世紀近くにわたり幅広く活動を行っています（2018年3月1日現在、会員企業数は1,223社）。企業内の法務部門の担当者によって組織され、その運営は会員総会で選任された幹事を中心に自主的に行われており、事務局は公益社団法人商事法務研究会に置かれています。

月例会

　会社法、独禁法、知財法、民事法、消費者法、個人情報、コンプライアンス、各国リスクなど企業法務の旬のテーマについて、弁護士、法令等の立案担当者、研究者、企業法務担当者が解説する当会会員限定の無料セミナー。東京地区で年間平均40回（2017年度は48回の実績）、大阪地区で年間平均25回（2017年度は31回の実績）開催しています。

研修会

　会員企業の企業法務担当者と弁護士を講師に迎えて実施される有料講座。国内法と国際法を横軸に、それぞれについて基本知識の習得から実践的スキルアップまでを縦軸とする体系をとっています。会員企業各社が個別に行う社内研修と併せ、深度のある知識を身に付けることができると好評です（研修会の一部は㈱商事法務に運営を委託しています）。

研究会

　会員企業の業務課題などの具体的なテーマに応じて組織される研究の場で、2018年3月現在、債権法改正研究会、会社法実務研究会、法務組織運営研究会ほかが活動しています。本書は「営業秘密研究会」として設置された編集委員会により、2年余をかけて編集されたものです。本書のように市販される出版物のほか、法令ガイドブックや業務マニュアルなどを会員企業限定の成果物として無料配布しています。

活気ある当会研究会の
意見交換風景

その他

- **他社法務担当者との情報共有** 東京・大阪で開催される会員懇談会や大阪・名古屋で開催される会員交流会、九州地区会員懇談会などの参加（無料）を通じて、他社の法務担当者と業務課題を共有しつつ、交流が図られる場が準備されています。
- **会報誌「経営法友会リポート」の発行** 当会の最新の動きを伝える月刊の会報誌。月例会の受講記、研究会の検討状況などをいち早くお知らせしています。会員企業の法務業務を描いた「わが社の法務状況」、「わたしと外国語」、「人を育てる」などのコーナーを通じて、法務担当者の生の声をお届けしています。

経営法友会リポート

- **経営法友会大会の開催** 注目度の高い企業法務上のテーマを取り上げ、2年に1度開催される「経営法友会大会」では、基調講演とパネルディスカッションを交え、充実した議論が行われます（2018年は11月30日開催予定）。会員企業のみならず、一般の方々も有料で参加可能です。
- **公益活動** 当会はさまざまな公益活動も行っています。企業法務に関わる各種政策・立法等への提言を行うとともに、各界有識者や関係機関（制度立案担当者、裁判所、弁護士会、法科大学院関係者、研究者等）との情報・意見交換を交流事業として展開しています。また、1965年以降、5年ごとに法務部門の実態調査を実施しており、2016年5月には「第11次法務部門実態調査」の最終報告がなされました（㈱商事法務より『別冊NBL』として刊行）。
- **その他の特典** ㈱商事法務「ビジネス・ロー・スクール」では、開催するセミナーの一部について、優先枠の範囲で当会会員が割引価格で受講できるという「優待講座」を実施しています。

経営法友会に関するお問合せは、当会事務局まで。
〒103-0025　東京都中央区日本橋茅場町3-9-10
　　　　　　公益社団法人商事法務研究会内　経営法友会事務局
　　　　　　TEL；03-5614-5638　Email；keieihoyukai@shojihomu.or.jp

経営法友会　営業秘密管理研究会（五十音順）

青木　聡士	加藤真希子	中峯　修司
浅井　孝仁	神原　正道	野上　宗幹
井上　陽子	川窪　辰紀	長谷　　樹
居森　顕爾	須藤　正憲	藤崎健一郎
奥田　真世	相馬　嗣樹	迎　奈央子
柏原　長武	竹内　昭紀	山田　滋也
加藤　崇司	百々　隆介	
加藤ひとみ	仲條　大介	

●本文イラスト　藤井豊久

営業秘密管理入門テキスト

2018年4月24日　初版第1刷発行

編著者　経営法友会　営業秘密管理研究会

発行者　塚原　秀夫

発行所　㈱商事法務
　　　　〒103-0025　東京都中央区日本橋茅場町3-9-10
　　　　TEL 03-5614-5643・FAX 03-3664-8844〔営業部〕
　　　　TEL 03-5614-5649〔書籍出版部〕
　　　　http://www.shojihomu.co.jp/

落丁・乱丁本はお取り替えいたします。　印刷／そうめいコミュニケーションプリンティング
©2018 経営法友会　Printed in Japan
Shojihomu Co., Ltd.
ISBN978-4-7857-2611-9
＊定価はカバーに表示してあります。

JCOPY <出版者著作権管理機構　委託出版物>
本書の無断複製は著作権法上での例外を除き禁じられています。
複製される場合は、そのつど事前に、出版者著作権管理機構
（電話03-3513-6969、FAX 03-3513-6979、e-mail: info@jcopy.or.jp）
の許諾を得てください。